AF536533

Eberhard Hälbig

Luftschlacht am 27.9.1944 über Thüringen und Hessen

„Könnten wir die nicht geschriebene Geschichte unserer Feinde lesen, wir würden in jedem Menschenleben so viel Kummer und Leid finden, dass bei aller Feindseligkeit die Waffen sinken.“

Henry Wadsworth Longfellow

Impressum

Umschlaggestaltung: Harald Rockstuhl, Bad Langensalza

Titelbild: B-24 der 445. Bomber Gruppe am 06. Oktober 1944 (US Air Force via NARA)

1. Auflage 2016

ISBN 978-3-95966-084-6

Innenlayout: Harald Rockstuhl, Bad Langensalza

Druck und Bindearbeit: Digital Print Group Oliver Schimek GmbH, Nürnberg/Mittelfranken

Gedruckt auf alterungsbeständigem Papier nach ISO 9706

Die Deutsche Nationalbibliothek verzeichnet diese Publikation in der Deutschen Nationalbibliografie. Detaillierte bibliografische Daten sind im Internet über *http://dnb.d-nb.de* abrufbar.

Inhaber: Harald Rockstuhl
Mitglied des Börsenvereins des Deutschen Buchhandels e.V.
Lange Brüdergasse 12 in D-99947 Bad Langensalza/Thüringen
Telefon: 03603 / 81 22 46 Telefax: 03603 / 81 22 47
www.verlag-rockstuhl.de

Inhalt

Einleitung

Nach über 70 Jahren: Wissenschaftliche Forschungen zur „Luftschlacht über Thüringen“

Im Verlauf des Jahres 1944 häuften sich die Luftangriffe englischer und amerikanischer Bomberverbände auf deutsche Städte. Im Sommer dieses Jahres verlor die deutsche Luftverteidigung ihre Möglichkeiten, diesen Angriffen wirkungsvoll entgegen treten zu können. Damit war der Luftkrieg über Deutschland entschieden, die Zivilbevölkerung war den alliierten Angriffen weitgehend hilflos ausgeliefert.

Nur noch selten gelang es der deutschen Reichsverteidigung, Abwehrerfolge zu erringen. So geschehen im September des Jahres 1944. Damals wurde durch einen Zufall das Gebiet um Gerstungen und die benachbarten hessischen Landstriche zum Schauplatz einer gewaltigen Luftschlacht, einer der letzten des Krieges.

Eine US-Bombergruppe mit insgesamt 35 Maschinen vom Typ „Liberator“ kam wegen des Wetters vom Kurs ab und verfehlte auch das Ausweichziel, den Bahnhof von Göttingen. Auf dem Rückflug wurden die Bomber, die zu dieser Zeit ohne Jagdschutz waren, gegen 11:00 Uhr im Großraum Eisenach von Einheiten der deutschen Jagdgeschwader 3, 4 und 300 gestellt und angegriffen.

Das Unternehmen entwickelte sich zum Debakel für die Amerikaner, die völlig überraschend von den überlegenen deutschen Kräften angegriffen werden konnten. Trotz der eilig herbeigerufenen US-Jäger wurden 30 Bomber abgeschossen, hinzu kam eine Jagdmaschine vom Typ „Mustang“. 118 amerikanische Piloten fanden dabei den Tod, 121 sollen in deutsche Gefangenschaft geraten sein. Auch 29 deutsche Jagdflugzeuge mussten als Verlust gemeldet werden, 19 deutsche Piloten fielen.

Ein großer Teil dieser Kämpfe, Abschüsse und Abstürze, die sich in nur wenigen Minuten ereigneten, fanden auch über dem westlichen Thüringen statt. Von Nazza über Neukirchen, Krauthausen und Eisenach bis nach Herleshausen und Gerstungen und noch weiter hinein in hessische Gebiete beobachteten zahlreiche Menschen diese heftigen Kampfhandlungen, sahen die explodierenden Flugzeuge und die Fallschirme, die in großer Zahl zur Erde schwebten.

Im Gegensatz zu den benachbarten hessischen Orten konnten diese Kampfhandlungen, die in die Geschichte des 2. Weltkrieges als „Luftschlacht über Thüringen" eingegangen sind, erst nach 1990 genauer untersucht werden. Viele der Handlungsorte lagen bis dahin im Grenzgebiet und Untersuchungen zum Schicksal von alliierten oder gar deutschen Piloten waren kaum erwünscht, zudem fehlte die Quellenbasis in den USA.

Dies ist nun anders und es galt und gilt viel nachzuholen, ehe die letzten Zeitzeugen, die sich zum Teil sehr genau an jene schrecklichen Ereignisse erinnern können, verstorben sind.

Eberhard Hälbig, Luftkriegsforscher aus Eisenach und den sachkundigen Lesern durch seine bisherigen Veröffentlichungen in Zeitschriften, Zeitungen und Büchern recht gut bekannt, forscht zur Luftschlacht vom September 1944 bereits seit vielen Jahren. Ihm ist es gelungen, zahlreiche US-Quellen zu erschließen und auszuwerten. Hinzu kommen durch viele Gespräche detailliert aufgezeichnete Zeitzeugenberichte, die dieses Buch so wertvoll machen. Durch die Zusammenfassung dieser Quellen und die Einordnung der Geschehnisse in den Verlauf der Luftkriegsgeschichte des Jahres 1944 gelang ein Werk, welches nach so vielen Jahren zahlreiche bisher vergessene Schicksale aufdeckt und gleichzeitig anhand dieser Schicksale die Grausamkeit und Sinnlosigkeit des Krieges vor Augen führt.

Mihla, im Frühjahr 2016

Rainer Lämmerhirt

Heimat- und Verkehrsverein Mihla

Der erste Kontakt (1)

Die Luftschlacht vom 27. September 1944 über Thüringen und Hessen – Teil 1

B-24 auf dem Weg nach Deutschland. USAAF-PD

Am 27. September 1944 begann die Mission 650 der USAAF. 1192 Bomber und 678 Jagdflugzeuge flogen nach Deutschland. Die erste und die dritte Bomberdivision mit B-17 „Flying Fortress“ hatten Köln und Ludwigshafen, sowie Mainz zum Ziel. Die zweite Bomberdivision sollte mit B-24 „Liberator“ nach Kassel fliegen. Von der 2nd Air Division waren Bomber Gruppen der 2nd (CBW Combat Bombardment Wing), der 14th CBW und der 20th CBW involviert. Zu ihrem Schutz wurden ihnen Jagdflugzeuge der 355th FG (Fighter Group), 361st FG, 479th FG und der 4th FG zur Seite gestellt. Auch 39 B-24 „Liberator“ Bomber der 445th Bomb Group von der USAAF Basis Tibenham gehörten zu diesem Verband. Ziel waren die Henschel Motorenwerke und eine Panzerfabrik in Kassel. Der Begriff „Milk Run“ machte wieder einmal die Runde und stand für einen gefahrlosen Flug, denn man hatte von der deutschen Luftwaffe außer am 11. September 1944 lange nichts gesehen. Niemand ahnte, dass die Luftwaffe in Gestalt der Sturmgruppen an diesem Tag einen ihrer größten Siege erringen würde. Die 445th Bomb Group wäre beinahe fast vollständig vernichtet worden. Die Deutschen waren sträflich unterschätzt worden. Möglich wurde dieser Sieg unter anderem dadurch, dass man in den Bombern seit Mai 1944 die unteren Geschütztürme entfernt hatte – aus Gründen der Gewichtseinsparung. Auch setzte sich die Meinung durch, diese Bordbewaffnung sei wegen der erlangten Lufthoheit ohnehin nicht mehr nötig. Viele Flieger, die Einsätze im Sommer 1944 flogen, hatten in der Tat wenige oder gar keine Begegnungen mit deutschen Flugzeugen und ihre erlittenen Verluste waren fast ausschließlich der deutschen Flak zuzuschreiben. Sie träumten bereits von Weihnachten zu Hause. Doch schon der Beginn dieser Mission verlief nicht reibungslos. Im Gegenteil. Während des Starts um 06:20 Uhr hatten vier Maschinen der 445th BG Probleme und brachen den Einsatz ab. Dies waren die B-24 H, B+MK, „Tahelenbak“ von Lt. McClelland, 701 BS; B-24 J, C MK von Lt. Frost, 701 BS; B-24 H, S MK, „Heavenly Body“ von Lt. Wilkens, 701 BS und schließlich die B-24 J, O RN, von Lt. Schneider. Letztere kam von der Startbahn ab und zerschnitt sich die Reifen am Schutzzaun aus Stacheldraht.

Uebelhoer-Crew. Kassel Mission Historical Society

Die Flugzeuge die einen perfekten Start hatten und denen es gelang sich in den Bomberstrom einzuordnen sahen sich mit schwierigsten meteorologischen Bedingungen konfrontiert. Das Tiefdruckgebiet über dem Süden von Norwegen bescherte dem Kontinent entlang der Nordsee Küste von Frankreich über Holland bis nach Deutschland stürmisches Wetter mit Regen und Gewitter. Der Himmel war 10/10 overcast, zu 100% bewölkt.

Sie konnten keine Landmarken erkennen und hatten somit auch keine Hilfe in Form von Bodenreferenzen. Deshalb musste die 2nd Combat Bombardment Wing, Rufzeichen: „Wildstag", die aus der 389th BG (Bomb Group): „Bourbon Blue", der 445th BG: „Bourbon Leader" und der 453rd BG: „Bourbon Green" bestand, Dead Reckoning (nach Instrumenten) fliegen, was die Navigatoren mit den technischen Mitteln die sie zur Verfügung hatten, vor enorme Herausforderungen stellte. Zu bedenken ist auch, dass sie mit 76 Knoten einem heftigen Wind aus Richtung Westen ausgesetzt waren, was zu einem zusätzlichen Geschwindigkeitszuwachs führte. Dies war ihre Situation, kurz bevor sie den IP (Initial Point) erreichten. Für die folgenden Ereignisse am 27. September 1944 ist dieser IP von großer Wichtigkeit und soll aus diesem

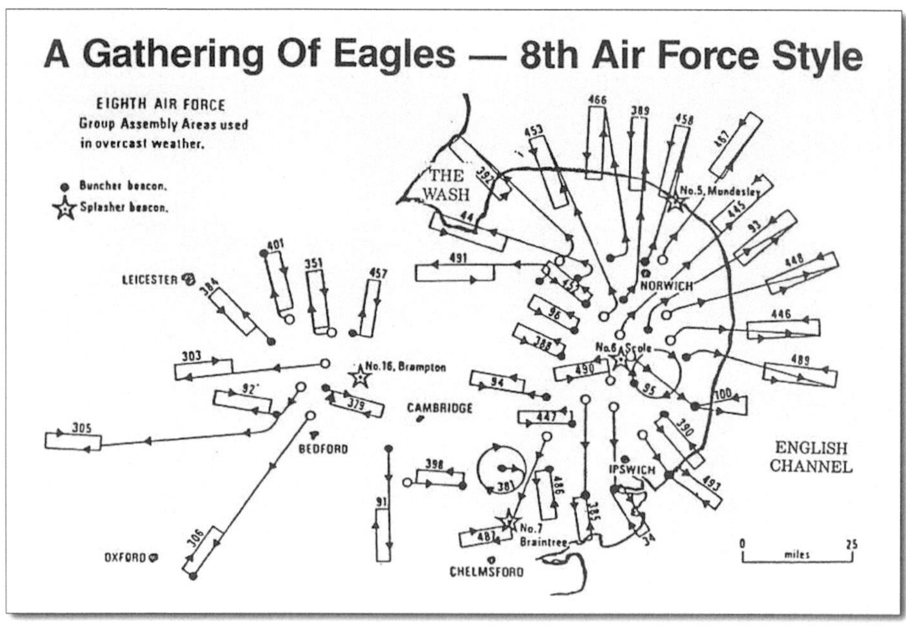

Sammlung der Bomber. Sammlung Hälbig

Lucky Gorden. Sammlung Hälbig

Grund etwas näher beschrieben werden. Der IP ist ein gedachter Punkt auf der Landkarte, von dem der Bombenangriff gestartet wird. Kurz vor dem Erreichen dieses Punktes änderten die Bomber ihre Flugformation. Sie gaben die V-Formation auf und bildeten eine Ketten-Formation. Das ermöglichte einen konzentrierteren Bombenabwurf. Vom IP aus flog die Formation ohne Richtungsänderung zum Ziel und die Verantwortung lag in den Händen des Bombenschützen und des Navigators in der Führungsmaschine. Sie bestimmten die Flugrichtung. Alles was die Piloten vom IP aus kontrollierten, waren Höhe und Geschwindigkeit. Verschiedene Gruppen flogen den IP aus verschiedenen Richtungen an, aber der Punkt war für alle der gleiche. Nachdem die Bomben abgeworfen waren, gingen die Maschinen in einen gewollten Sturzflug (2.000 Fuß – etwa 60 Meter) über um Fahrt aufzunehmen. Dieser Geschwindigkeitszuwachs sollte sie schneller aus dem Angriffsgebiet und der dort stationierten Flak herausführen. Nach dem Erreichen des sogenannten „Rally Point“ verließen die Flugzeuge die Gegend in derselben Richtung, aus der sie gekommen waren – nur parallel dazu. Aus der Ketten-Formation wurde wieder eine V-Formation zum besseren Schutz vor gegnerischen Jägern gebildet, die man für den Rückflug nach England beibehielt. Der IP wurde von den Planern nach verschieden Gesichtspunkten wie etwa Windrichtung, Bewölkung, Verteilung der deutschen Flak und so weiter festgelegt. Nicht immer zum Vorteil der

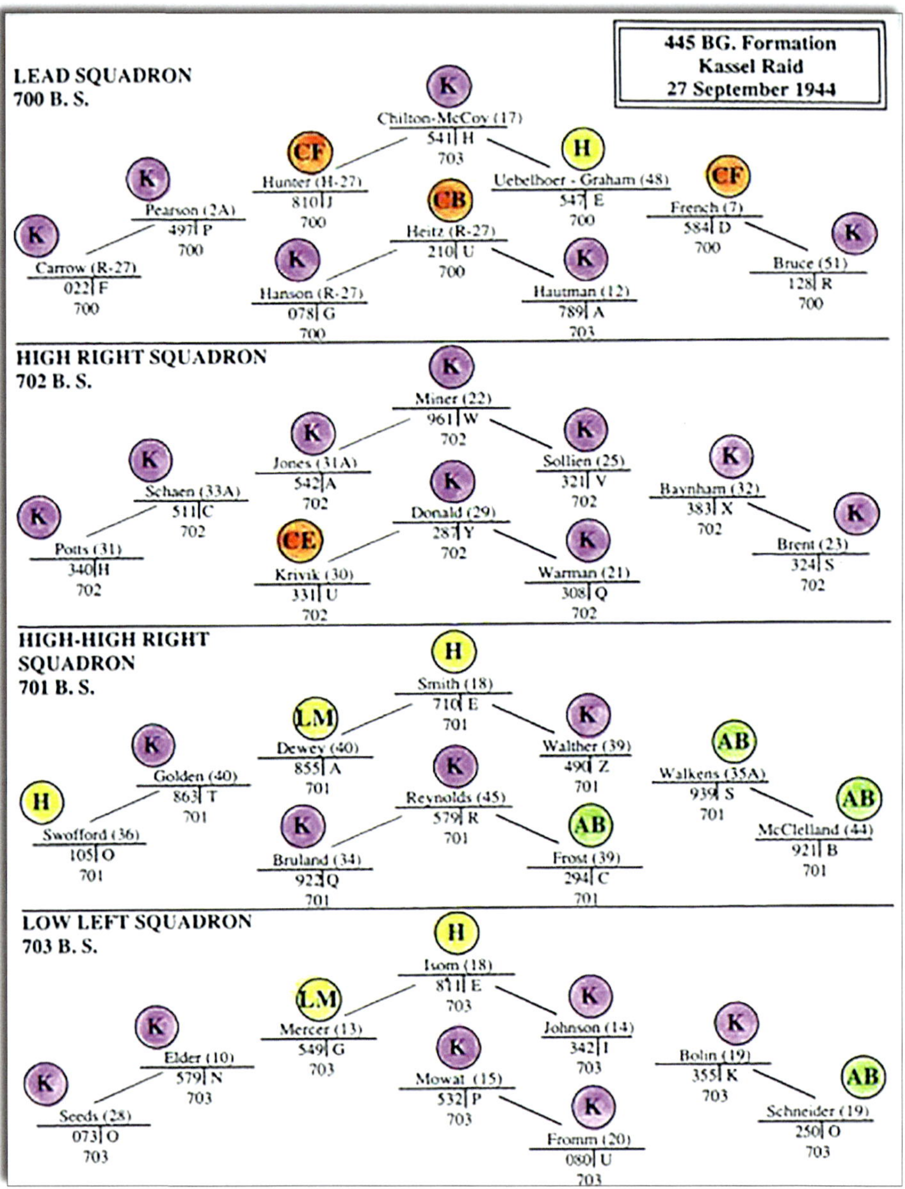

445th Formation. Kassel Mission Historical Society

Bomber. Die Fehlertoleranzen waren beträchtlich. Man wusste nichts vom „Jet Stream", den Höhenwinden. Aber es ist einleuchtend und nachvollziehbar, das der Wind ob von vorne, von hinten oder von der Seite kommend, eine große Rolle spielt, wann ein Flugzeug zu welcher Zeit an welchem Ort ist.

Aus den wenigen auffindbaren Dokumenten in Archiven in Delaware und aus den Aufzeichnungen des Navigators Don Whitefield lassen sich folgende Ereignisse zum Flugverlauf der Second Combat Bombardment Wing am 27. September 1944 rekonstruieren. Lt. Donald Whitefield, um das vorauszuschicken, war Navigator in der B-24J-5, die von Ford gebaut, mit der Serial #42-51547 und dem Rufzeichen E IS. Sie waren „Deputy Lead" Ergänzungsflugzeuge zur Führungsmaschine von Maj. Donald W. McCoy. Pilot dieser zur 700 BS (Bomb Squadron) gehörende Maschine, war Capt. Web L. Uebelhoer, dessen Vorfahren, wie der Name noch verrät, aus Bayern nach Amerika ausgewandert waren. Er und seine Mannschaft war einer von vier, die es nach Tibenham zurück schafften. Hier der Bericht.

Start war um 0620 (gemeint ist 06:20 Uhr)/ 0650 Kreisen um „Buncher B-6"- bedeutet, dass die Flugzeuge sich um einen bestimmten Punkt (genannt Buncher B-6) über der Nordsee in 12.000 Fuß Höhe zu sammeln hatten.

Nach dem Durchfliegen der Wolkenbänke wartete dort in strahlendem Sonnenschein „Lucky Gordon" auf sie.

„Lucky Gordon" war eine alte, ausgediente (war weary – kriegsmüde) B-24 D, die um sie besser sehen zu können mit orangefarbenen und schwarzen Streifen, wie ein Zebra bemalt war (Rufzeichen „Z" für Zebra). Am Höhenruder war ein großer weißer Kreis mit einem schwarzen F zu sehen und sie verschossen unablässig rot/grüne Leuchtkugeln, um die Maschinen der 445th BG in einer Formation zusammenzuführen. Nachdem „Lucky Gordon" aus den vielen Fliegern der 700th Bomb Squadron (Rufzeichen „Displease"), der 701st BS („Wallet"), der 702nd BS („Popham") und der 703rd BS („Bafil") eine Combat Box, einen Kampfverband geformt hatte, kehrte er zurück nach Tibenham.

Die 445th Bomb Group bezog anschließend ihre Position an der Spitze, gefolgt von der 389th BG und der 453rd BG am Ende und formte so erst den Verband der Second Combat Bombardment Wing („Wildstag"). Die 2nd CBW reihte sich nun hinter der 14th CBW („Hardtack") und vor der 20th CBW („Big Bear") ein und bildete so die Second Air Division („Bookout"), eine Formation von B-24 Bombern, die 60 Meilen!! lang war/um 0755 verließ dieser Verband „Buncher B-6"/0803 überfliegen der englischen Küste/0810 Gee Fix Control Point One- erster Kurs Kontrollpunkt über der Nordsee mit anschließender Kurskorrektur und steigen auf festgelegte Flughöhe, von 0814 bis 0820, 0827 drei weitere Kursbestimmungen über dem Kanal. 0847 erreichen der Holländischen Küste, Mickey fix- Kursbestimmung durch die

Führungsmaschine und Kursänderung zum CP 4 (Control Point), Kontrollpunkt 4. Von 0858 bis 0929 gab es weitere fünf Positionsbestimmungen bis zum Erreichen des IP und wegen des starken Windes waren einige kleinere Kurskorrekturen nötig, sogenannte mid-course correction. Eine letzte Positionsbestimmung vor dem IP in der Nähe von Gütersloh ergab eine Abdrift von lediglich einem Grad. Allerdings war die ETA (Estimated Time of Arrivela), die geschätzte Ankunftszeit der 445th BG zum Ziel 8,5 Minuten und somit 5 Minuten „behind the power curve". Dieser Begriff, der aus der Fliegersprache verallgemeinert wurde, bedeutet nichts anderes als das der „Zustand" der 445th BG in Bezug auf Ort, Kurs und Geschwindigkeit vom Rest der Division abwich und sie mindestens 5 Minuten gebraucht hätten dies zu korrigieren um wieder mit den anderen Bombergruppen „synchron" zu sein. Das allein wäre aber kein Grund zur Sorge gewesen, obwohl es ein erster Hinweis darauf sein könnte, dass der DR (Dead Reckoning) Navigator sich seiner genauen Position keineswegs sicher war. Er meldete mehrere Aussetzer seines Radargerätes, sah aber keinen Grund den Angriff abzubrechen. Als aber die 445th Führungs-

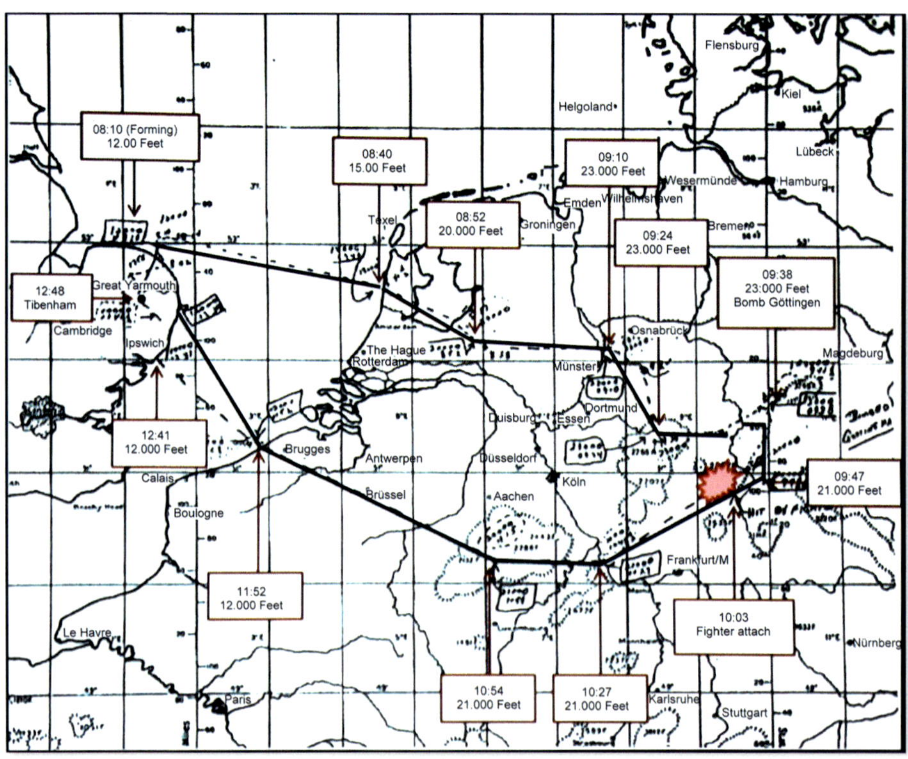

Anflugkarte. Kassel Mission Historical Society

gruppe vom IP zum Bombs away (Bomben ausklinken) und zum Group Ralley Point (Abflug von der Kampfzone) aus nicht nachvollziehbaren Gründen eine größere Kurskorrektur vornahm als der Rest der 2nd Combat Bombardment Wing, begannen die Dinge völlig aus dem Ruder zu laufen und die Mission 650 baute das Potential eines Desaster für die 445th BG auf. Sie waren auf dem Weg nach Göttingen wo sie ihre Bomben abwarfen und nicht über Kassel. Ihre Bomben trafen auch kein Ziel in Göttingen sondern fielen in ein freies Feld zwischen den Orten Rosdorf, Gross-Ellershausen und Grone.

Wahrscheinlich waren sie sich dieser Tatsache nicht einmal bewusst. Deutlich wird das bei der Missionsauswertung. Am 27. September 1944, um 18:45 Uhr fand im Briefing Raum der 389th BG das sogenannte „after action briefing" (die Missionsauswertung) statt. Teilnehmer an diesem Briefing waren Major General Kepner, Brig. General Johnson, Brig. General Griswald, Col. Arnold, Col. Potts, Col. Jones, Col. Thomas und die Repräsentanten der beteiligten Bomb und Fighter Groups. Auf die Frage von Col. Arnold an Maj. Graham, den stellvertretenden Missionsleiter, ob er den angegebenen Kurs von 90°–92° Grad geflogen sei oder ob die Berichte stimmten das ihr Kurs fast 63° gewesen sei, antwortete Maj. Graham: Wir machten zwar eine Kurskorrektur, aber ich denke sie war nicht so groß. Col. Arnold fragte, ob der Navigator seiner Maschine anwesend sei, was er mit JA beantwortete. Seine Befragung ergab, dass sie der Führungsmaschine gefolgt sind, die einen Kurs von fast 67° flog, was zur Folge hatte, das das Ziel um etwa 5 Meilen verpasst worden ist – es waren in Wirklichkeit um die 20 Meilen. Das hatte auch zur Folge, dass die 445th BG weit weg von den anderen Bomber Gruppen und ebenso weit weg vom Begleitschutz durch die Jagdflugzeuge war. Die Befragung der Verantwortlichen und von beteiligten Piloten des Begleitschutzes ergab, dass sie zwar die Hilferufe der 445th BG hörten und sie auch sofort aktiv wurden, aber im Vorfeld dieser Ereignisse hatten sie die 445th BG und deren Kursabweichung nicht einmal bemerkt. Sie vermissten sie nicht und spätere Aussagen, die 445th BG sei wegen der sich auftürmenden Kumulus Wolkentürme ihrer Sicht verborgen gewesen kann nicht zu treffen, denn die Wolkendecke war zwar komplett geschlossen, aber „flach" wie ruhige See. Dies und die nicht länger vorhandenen „Ball Turrets", der kugelförmigen Geschützstationen am unteren Rumpf der Bomber sollte sich jetzt bitter rächen.

Die deutschen Jäger wussten, dass sie nach dem Ausschalten des Heckschützen (allerdings war das allein schon lebensgefährlich, wie wir noch sehen werden) bei einem Anflug von hinten unten kein großes Risiko eingingen entdeckt, beziehungsweise abgeschossen zu werden. Sie flogen im toten Winkel der Beschussfelder des Bombers.

Ball Turret. Sammlung Hälbig

Die 445th Bomb Group musste um ihr Leben kämpfen und als sie um 11:54 Uhr die belgische Küste bei Osstende überquerte und um 12:40 Uhr die englische Küste erreichte, waren von den vor wenigen Stunden gestarteten 35 Flugzeugen 6 übriggeblieben. Zwei landeten auf der Notlandebahn in Manston. Hier gab es eine besonders lange Landebahn für sogenannte „lame ducks" („lahme Enten" – wie sie beschädigte Maschinen nannten) und nur ganze vier B-24, die am Morgen zur Mission 650 der 8th USAAF aufgebrochen waren, schafften es zurück zum Heimatstützpunkt in Tibenham.

Was war geschehen? Warum flog die 445th BG einen anderen Winkel zum geplanten Kurs als der Rest der Division? Warum flogen die 389th BG und die 453rd BG, unter Missachtung des Befehls der Führungsgruppe zu folgen, den geplanten Kurs nach Kassel während die 445th auf Göttingen zu steuerte? Irrtum des Navigators der Führungsmaschine oder steckte eine bestimmte Absicht dahinter? Gab es Befehle, die niemand anderer als die Offiziere in der Führungsmaschine kannten? Vom militärischen Standpunkt völlig unlogisch. Wenigstens Uebelhoer als Ersatz für das Führungsflugzeug hätte in geheime Pläne eingeweiht sein müssen. Aber was ist im Krieg schon logisch? Doch eine geheime Mission wäre mit Sicherheit durch ein „back up", eine zweite Option abgesichert gewesen, für den Fall das mit der B-24, die den Verband

FW 190 und B-24. Sammlung Hälbig

führte irgendetwas nicht nach Plan verlaufen sollte. Natürlich wäre eine solche „verdeckte Operation“ auch mit jeder Menge Begleitschutz ausgestattet worden. Das wiederum bedeutet, dass viele in das „Geheimnis“ eingeweiht werden mussten. Was genau passierte weiß bis heute niemand und das Geschehen bleibt somit ein aktuelles Thema für Spekulationen. Obwohl in der „Field Order 279“, in der der gesamte geplante Ablauf, sowie das Ziel der Mission fixiert ist ebenfalls keinerlei Hinweise auf eine „special ops“, eine Spezial Operation der 445th BG enthalten sind und als einziges Ziel der 2nd CBW Kassel aufgeführt ist, sind die Akten zu diesem Ereignis bis heute nicht freigegeben, was weitere Spekulationen und Verschwörungstheorien geradezu herausfordert.

Den weiteren gesicherten Ablauf des Geschehens können wir wieder den Aussagen der verantwortlichen Offiziere der verschiedenen am Kampf beteiligen Einheiten entnehmen (389. BG, 453. BG- 355. FG, 4. FG, 361. FG und 479. FG) die sie während des „after action briefings“ am 27. September 1944 abgaben.

Col Everett Stewart: Ich führte am 27. September 1944 die 354th FS (Fighter Squadron), 355 FG (Fighter Group) und meine primäre Aufgabe ist es gewesen, der 14th Combat Bombardment Wing, die an der Spitze der 2nd Air Division flog, Jagdschutz zu geben, als ich plötzlich einen Hilferuf von den Bombern der 445th BG hörte. Diese riefen in Panik über Funk nach Jagdschutz, weil sie von einer großen Anzahl deutscher Jäger angegriffen würden.

OIKHI OITID OIDUC OIKET V OIHET (2CDW) NR 112 OP
FROM 2CBW 262340A SEPT 44
TO 389TH BG
445TH BG
453RD BG
INFO 2BD, QC

ACTION - Copy to
INFO - Copy to

SECRET 2CBW F.O. 279. S790E

1.A. INFO OF SUPPORTING FORCES:
(1) FIGHTER SUPPORT AND FRIENDLY FORCES:
XIXXXFIGHTERXXUP
SEE 2BD F.O.
(2) ORDER AND INTERVAL OF WINGS: 20, 2, 14, 4 MIN INTERVAL BETWEEN WINGS.
(3) DIRECTION OF APPROACH TO DAL OF WINGS:
20 APPROACH SPL 5 FROM SOUTH.
2 " " " " SE.
14 " " " " SW.

2.A. GP	SQ	RN	TARGET	MPI	BOMB	FUSE
445TH	4	2C	GH637E	070058/14	1000 GP	1/10-1/40
389TH	2	2B	"	069067/14	" "	" "
453RD	2	2B	"	"	" "	" "
453RD	1	2B	"	"	M17 IB	
453RD	1	2C	"	070058/14	M17 IB	

B. FORMATION:
"A" GP 445 LEAD, LOW LEFT HI AND HI HI RITE.
"D" GP 389 LEAD AND LO LEFT WITH 1 SQ 453 HI RITE.
"C" GP 453 LEAD LOW LEFT AND HI RITE.
"B" GP ECHELONED TO RITE OF "A" GP.
"C" GP 1 MIN IN TRAIL.
C. ASSEMBLY:
(1) GP:
A. IF VIS AT DISCRETION OF GP CO.
B. INSTRUMENT:

GP	PLACE	ALT	FLARE
445TH	BU 6	12000	RG
389TH	BU 6	13000	R
453RD	BU 6	14000	G

(2) WING: DEPART BU 6 HEADING NE AT ZERO MINUS 16 MAKE 12 MIN CIRCLE TO LEFT PASSING THROUGH BU 6 HEADING NE AT ZERO MINUS 4 TO APPROACH SPL 5 FROM SE.
(3) DIV: APPROACH SPL 5 AT ZERO PLUS 4 FROM SE TO 5305-0140 AT ZERO PLUS 10.
D. ROUTE OUT: SEE 2BD F.O. 470. A/COMMANDERS WILL ENDEAVOR TO DETERMINE IF BOMBING WILL BE PFF OR VIS BY 5140N-0820 AND ADVANCE DECISION TO GP LEADERS OVER VHF CHANNEL B. GP'S WILL BE IN TRAIL AT 5149-0809.
E. IP TO TARGET:
(1) IF VIS UNCOVER BY SQ'S.
IF PFF UNCOVER BY GP'S.
(2) CODEWORDS: VIS "HAMBONE".

DECLASSIFIED
DOD Dir. 5200, Sept. 27, 1958
NNW by ... date 10 29 70

Angriffsplanung. USAAF, PD

Zu diesem Zeitpunkt waren seine Jagdflugzeuge mit der 14. CBW schon weit hinter Frankfurt. Trotzdem schickte er „Flight Green“ und „Flight Blue“ zu einer Rettungsaktion Richtung Göttingen. Henry W. Brown und Royce W. Priest trafen zwischen 10:00 Uhr–10:08 Uhr zwischen Eisenach und Eschwege auf etwa 10 FW 190, von denen sie drei abgeschossen haben. Amerikanische „Encounter Reports“ – Begegnungsberichte – ähnlich den deutschen KU

Berichten sind, was geographische Aussagen betrifft, nicht sehr genau und vage formuliert. Trotzdem spricht einiges dafür, dass Lt. Heinrich Dralle und Uffz. Hermann Hebeisen eine Begegnung mit Brown und Priest hatten, die für beide tödlich endete. Priest beansprucht laut Encounter Report den Abschuss einer FW 190 gegen 10:00 Uhr in der Gegend von Eschwege. Sein Flügelmann bezeugt diesen Anspruch: *„Kurze Zeit nach dem Angriff (auf Kassel) sah ich, wie Lt. Priest eine 190 (FW 190) in einer Höhe von etwa 100 Meter aus nächster Nähe angriff. Ich konnte Treffer in der Flügelwurzel und dem Rumpf erkennen. Die 190 ging in eine Rolle, stürzte zu Boden und explodierte.“* Gez. M. L. Wodlard. Die Absturzorte sind nach deutschen Quellen Eschwege – Lt. Heinrich Dralle und Bebra – Gilfershausen – Uffz. Hermann Hebeisen, Royce W. Priest schied im März 1968 als Oberst, hochdekoriert, aus der US Air Force aus. Eine hohe Auszeichnung bekam er, weil er seinen Squadron Commander Major Bert Marshall aus feindlichem Gebiet gerettet hatte. Priest sah wie sein Commander nach schweren Treffern durch Flak sein Flugzeug verlassen musste. Kurz entschlossen landete er mit seiner „Mustang“ auf dem Feld, auf dem Marshall mit seinem Fallschirm heruntergekommen war. Er schmiss seinen Fallschirm und sein Schlauchboot aus der Maschine und setze Marshall auf seinen Schoß. So erreichten sie England.

In dem kleinen Dorf Nazza, etwa 20 km von Eisenach entfernt, wie auch in den umliegenden Gemeinden arbeiteten die Menschen zu diesem Zeitpunkt auf den Feldern. Es war die Zeit der Kartoffelernte. Die Besatzungen in den Bombern hatten den Ablauf der Mission als „Milk Run“ verinnerlicht. Schließlich war der Bombenabwurf ohne Flak und Gegenwehr erfolgt. Sie waren auf einem ereignislosen Rückflug und Lt. Malcolm J. MacGregor in der B-24 „Fort Worth Maid“, Pilot 1Lt. Carl J. Sollien hatte es sich hinter dem Pilotensitz auf der „Couch“, eigentlich mehr eine Liege, mit einem runden Fenster darüber gemütlich eingerichtet.

Royce Priest. Sammlung Hälbig

Auch die Menschen unten auf den Feldern ahnten nicht, dass dieser Tag kein Tag wie jeder andere werden würde, sondern ein Tag, den sie ebenso wie die Überlebenden der Bomberbesatzungen, nie vergessen würden. Über oder in der Nähe von dem kleinen Ort Nazza trafen die Flugzeuge der 445th Bomb Group, ohne Begleitschutz auf die deutschen Jagdstaffeln.

MacGregor, Mona English

Der erste Kontakt (2)

Die Luftschlacht vom 27. September 1944 über Thüringen und Hessen – Teil 2

Im Luftraum von Nazza war es die IV. Sturm/JG 3, die als erste unter Führung von Hauptmann Wilhelm Moritz durch die Bomber Boxes flog und sie hatte dort auch die ersten Opfer zu beklagen – nicht etwa durch gegnerische Jäger, die waren noch weit entfernt, sondern vom Abwehrfeuer der B-24 Bomber. Diese hatten 10 Browning – M2 MG, Kal. 50 an Bord und es gehörte großer Mut, große Wut oder große Verzweiflung dazu sich diesen Maschinen zu nähern. Es gab praktisch kaum einen Ort den diese 10 Waffen nicht erreichen konnten.

Jede von ihnen verschoss 750–850 Schuss pro Minute oder 14 Schuss pro Sekunde mit einer Geschwindigkeit von 1977 Meilen pro Stunde. Ein einzelnes Geschoss wog 2 Unzen oder 56 Gramm. Das bedeutet das pro Waffe 7,8 kg

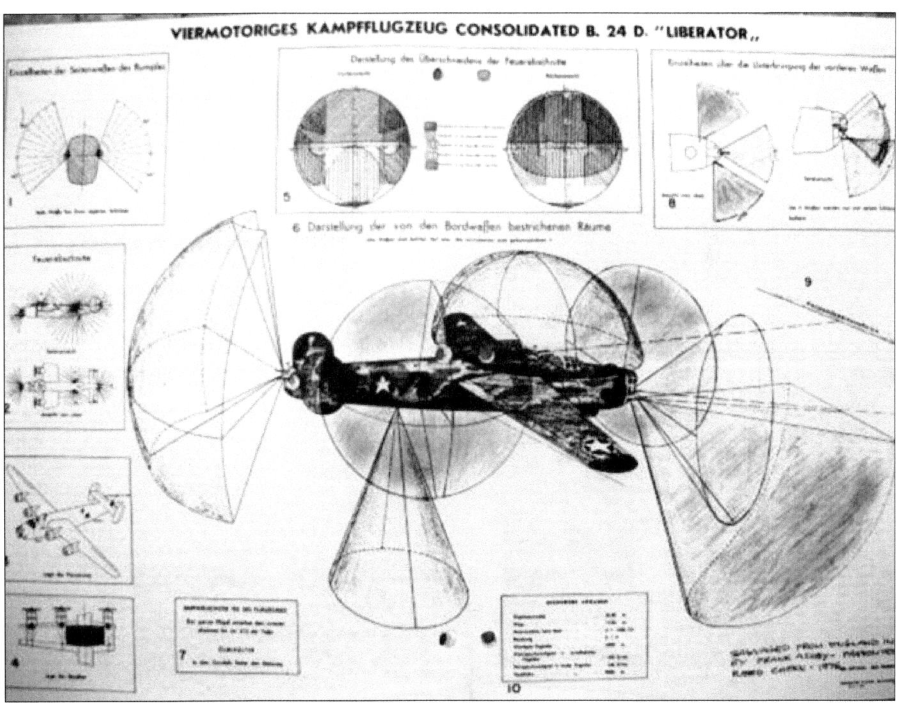

Beschussfelder. Lehrmaterial Luftwaffe

Material pro Sekunde verschossen wurde und das ungefähr 78 kg Eisen, Kupfer und Brandmittel pro Sekunde und Flugzeug auf die Jagdflieger zurasten.

Amerikanische Flugzeugmunition. Sammlung Hälbig

Rückzugschlitten Bordkanone von heute. Sammlung Hälbig.

Rückzugschlitten von der Schlacht. Sammlung Hälbig.

Die Browning MG haben sich konstruktiv bis heute kaum verändert, abgesehen von den Projektilen und werden auch heute noch eingesetzt. So ist die Durchschlagkraft von 1939 bis heute von 19 mm auf 34 mm gesteigert worden, bei einer Entfernung von 500 Metern.

Die ersten Maschinen, die durch das konzentrierte Abwehrfeuer der Bomber verloren gingen, waren vermutlich die von der IV. Sturm/JG 3. Die gesamten Verluste der IV. Sturm/JG 3 an diesem Tag belief sich auf 7 Flugzeuge, darunter ein Gefallener. Es folgten in kurzem Abstand die Maschinen des JG 300 und des JG 4. Diese trafen allerdings schon auf die „Mustangs" der 361st Fighter Group. Die IV. Sturm/JG3 kam von Alteno, ihrem neuen Flugfeld und formte mit der II./JG4 von Welzow und der II./JG 300 aus Bad Wörishofen einen Kampfverband der aus etwa 100 FW 190 A8/R8 „Sturmböcken" und Bf 109 G-6 bestand. Die genaue Zahl der beteiligten Flugzeuge lässt sich nicht mehr ermitteln.

Als die Amerikaner die vielen kleinen, sich schnell nähernden Punkte bemerkten, dachten sie zuerst, dass da ihr Begleitschutz kommen würde. Doch dann erkannten sie, dass es keine P-47 „Thunderbold", sondern FW 190 „Butcher Bird" waren die auf sie zu kamen und begannen aus allen Rohren zu schießen. Butcher bedeutet Schlachter. Sie gaben der „190" diesen Spitznamen und hatten großen Respekt vor ihr. Es gibt die Geschichte, dass man zur Hebung der Kampfmoral nach den großen Verlusten von 1943 ein Poster in den Bomber Basen aufhängte, auf dem ein lächelnder Pilot zu sehen war. Darunter stand: „Wer hat Angst vor der neuen Focke Wulf?" Ein Flieger hängte einen Zettel unter das Bild worauf zu lesen war: „Dann hier unterschreiben". Alle Offiziere einschließlich des Kommandeurs sollen unterzeichnet haben. Die FW 190 war von der Optik und Silhouette leicht mit der P-47 zu verwechseln, so wie die P-51 „Mustang" mit der Bf 109. Die Amerikaner merkten jetzt, dass sie ohne Begleitschutz waren und das Abwehrfeuer zeigte auch auf deutscher Seite Wirkung. Dennoch war es ein ungleicher Kampf, denn die zweite Angriffswelle war bereits im Anflug. Ludwig Landerer war wohl eines der ersten Opfer der ersten Welle. Aber er gehörte zu den glücklichen „Opfern" dieses Tages, denn er überlebte. Er musste bei Nazza eine Notlandung machen weil er offensichtlich Treffer abbekommen hatte und das Fahrwerk seiner FW sich nicht mehr betätigen ließ. Höchstwahrscheinlich waren noch andere Systeme des Flugzeuges durch Beschuss betroffen, so das ein weiterfliegen nicht mehr möglich war. Drei Zeitzeugen können sich noch an dieses Ereignis erinnern. Der leider schon verstorbene Herr Kurt Kaiser sah das Flugzeug auf das Dorf zu rasen bis es kurz davor wieder in Richtung Falken abdrehte. Noch in

Notlandeplatz Nazza. Sammlung Hälbig

Brunnen, Nazza. Sammlung Hälbig

Sichtweite flog es eine erneute Kurve Richtung Nazza. Auch Herr Fritz Singwald, der mit seiner Mutter auf dem Feld arbeitete, sah die Maschine auf Nazza zu fliegen bevor sie in 30–40 m Höhe zurückkam und auf dem „Rosskopf“ in der Nähe der „Heimbuchen“ eine Bauchlandung machte.

Als die FW 190 zum Stehen gekommen war sprang der Pilot aus der Kanzel und rannte zu den Leuten, die auf dem Feld bei der Ernte waren. Der junge Singwald wollte mit einem Messer dem Flieger entgegen laufen. Er wähnte einen Feindflieger. Die Mutter nahm es ihm aber wieder ab. Der Pilot erfragte von den Leuten den Weg zum Bürgermeister, denn die hatten meistens Telefon, um sich bei seiner Einheit zu melden. Dann ging er Richtung Nazza davon. Am Ortseingang wusch er sich an einem kleinen Brunnen das Blut aus dem Gesicht das von leichten Verletzungen herrührte. Den kleinen Brunnen gibt es heute leider nicht mehr und auch das Straßen Niveau ist höher als damals.

Herr Kurt Heilwagen erinnert sich noch gut an die Bergung. Ein aus Italienern bestehender Bergungstrupp war schon bald zur Stelle um zu allererst den Motor zu bergen. Da bei BMW in Eisenach die BMW 801 Motoren der FW 190 gewartet und repariert wurden ist es nahe liegend, dass er nach Eisenach gebracht wurde. Mit der Flugzeugzelle hatte man es nicht so eilig. Die wurde wesentlich später, ebenfalls durch Italiener zerlegt und auf dem „Rosskopf“ auf LKW verladen und weggefahren. Der Oberfähnrich Ludwig Theodor Landerer gehörte zur IV. Sturm /JG 3 Udet, 15. Staffel. Er überlebte die Luftschlacht über Thüringen und Hessen – nicht aber den Krieg. Er wurde am 24.11.1924 in Tettnang, Baden Würtemberg als sechstes Kind der Familie Landerer am Bodensee – Schäferhof geboren. Beruf – Student und das sollte er auch bleiben. Am 02.02.1945 ist er bei Pyritz (Pyrzyce) gefallen und liegt heute vermutlich als unbekannter Soldat in Posen (Poznan). Er sollte nicht der einzige Verlust für die Familie Landerer sein. Der älteste Sohn der Familie und Bruder von Ludwig kam ebenfalls nicht aus dem Krieg zurück.

Auch die Amerikaner hatten zwischen Nazza, Madelungen und Krauthausen erste Verluste an Flugzeugen, vor allem aber an Menschenleben zu beklagen. 2Lt. Roy E. Bolin von der 703rd Squadron flog mit seiner silberfarbenen B-24J-5, Kennung und Rufzeichen **DT 42-51355, K RN** im Luftraum von Nazza und Madelungen, als sie schwere Treffer von 20 und 30 mm Geschossen in die Flügeltanks bekam. Feuer brach aus und einen kurzen Moment später explodierte der 100 Oktan Flugzeug Treibstoff.

Beil. zum Sterbe-Buch Jahr 1946 Nr. 84.

Kriegssterbefallanzeige

über den

1. Dienstgrad: Oberfeldwebel
2. Truppenteil: IV. Stur./Jgd. Geschw. Udet
3. Vornamen: Ludwig Theodor
4. Familienname: Landerer
5. Religion: evang.
6. Letzter Wohnort: Bodensee / Schäferhof
7. Todestag und Todesstunde: 2. Februar 1945 Todesstunde unbek.
8. Todesort: bei Pyritz
9. Todesursache: gefallen
10. Geburtstag und -ort: 24. November 1924 Tettnang / Bodensee – Sta. Tettnang Nr. 54/1924 –
11. Beruf oder Stand: Student
12. Familienstand — ledig — verheiratet mit:
13. Vater: Albert Hans Landerer, Bodensee Schäferhof
14. Mutter: Elise Amalie Landerer geb. Raechle
15. Sonstige Angehörige, soweit hier bekannt:

Ergänzt u. berichtigt bezügl. Ziff. 5, 10-14 auf Grund Fam. Reg.

Tettnang, den 26.7.46.

Standesbeamter:

Im Auftrage

Sterbeurkunde. Stadtarchiv Tettnang

Ludwig Landerer. Dr. Angelika Barth, Tettnang

Lt. Bolin. Kassel Mission Historical Society.

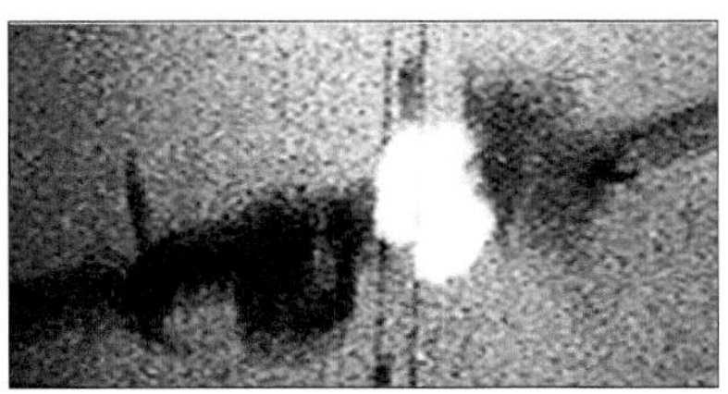

Treffer B-24.
Kassel Mission Historical Society.

Das Flugzeug war ein Wrack und zerbrach in mehrere Teile. Bodenfunde und gefangene U.S. Flieger deuten darauf hin, dass in einem Gebiet zwischen den Orten Nazza, Mihla, Neukirchen, Ütteroda, Madelungen und Krauthausen sich schreckliches ereignet haben muss. Mehrere U.S. Flieger wurden am Läuseberg – Neukirchen, bei Krauthausen, in Ütteroda, Deubachshof, Creuzburg, Wendehausen und Großburschla gefangen genommen. Sie waren aus verschiedenen Flugzeugen. Es war nicht nur das Flugzeug von 2 Lt. Roy E. Bolin das getroffen war, sondern auch andere hatten bereits große Schäden und montierten ab, das heißt sie verloren Teile stürzten aber noch nicht gleich ab, sondern flogen zum Teil noch sehr viel weiter. In Ütteroda holte die Wehrmacht einen Gefangenen mit dem „seltenen" Namen Smith beim Bürgermeister ab, wo er gerade eine Suppe genoss, von der er sehr angetan war. Man behandelte ihn ausgesprochen gut, wie er später erklärte. Es gab an diesem 27. September 1944 sieben Flieger mit dem Namen Smith. Einen Lt. George E. Smith in der Hunter Crew, B-24H-20 FO 42-9810, J+ IS „Terrible Terry's Terror", 700 BS. Sie schafften es zurück bis nach Frankreich, wo sie eine Notlandung machen mussten. George flog noch 20 Missionen bevor er am 09. März 1945 bei einem Angriff auf Münster getötet wurde. Zwei weitere in der Smith Crew, B-24J -155, CO 42-51710, E MK, „Maria Lupine", 701 BS und einen in der Swofford crew, B-24H – 25 DT 42-51105, O MK, „Sweetest Rose of Texas", ebenfalls 701 BS. Sie alle kehrten nach England zurück, wobei die „Sweetest Rose of Texas" auf ihrem Heimatstützpunkt in Tibenham über die Landebahn hinaus raste, weil die Hydraulik in Motor drei von einem deutschen Jäger zerschossen worden war. Ein weite-

Bombenklappen. Sammlung Hälbig.

rer Smith flog in der Warman Crew, B-24J – 90 CO 42-100308, Q WV „Our Gal". Er wurde getötet. Aber einer von zwei Smith in der Mannschaft von Lt. Donald muss der Flieger von Ütteroda sein, denn sie überlebten beide während ihr Flugzeug noch bis Nesselröden in Hessen flog.

Nebenstehndes Bild zeigt zwei Bombentüren von zwei unterschiedlichen B-24 Bombern, die bei Neukirchen gefunden wurden. Eine ist grün, die andere war silberfarben.

Das Bild unten deutet auf dieses Chaos hin. Ein Typenschild von einer weiteren Bombentür, die es leider nicht mehr gibt, deren Farbe aber silberfarben gewesen sein soll. Fundort war ebenfalls Neukirchen. Sie wurde von Ford produziert und geprüft, passt somit jedoch zu keiner B-24, die in der

Typenschild Bombenklappe Neukirchen. Sammlung Hälbig

Nähe von Neukirchen vom Himmel fiel. Was zu wem gehörte lässt sich oftmals nicht mehr genau bestimmen. Man muss auch bedenken, dass die Trümmer aus einer Höhe von 7000 m durch eine geschlossene Wolkendecke, fast wie welkes Laub auf die Erde fielen. So haben es viele Zeitzeugen wahrgenommen.
Trotzdem kann man mit Sicherheit sagen, das 2Lt. Bolin und seine Mannschaft die ersten amerikanischen Opfer dieser Luftschlacht wurden und obwohl die offiziellen Dokumente, der MACR 9393 sowie der IDPF nicht viele Informationen enthalten kam dank verschiedener Zeitzeugen von beiden Seiten des Atlantik einiges ans Licht.

Brandflecken vom Absturz. Sammlung Hälbig

Absturzstelle Madelungen. Sammlung Hälbig

Als die B-24J-5, **DT 42-51355, K RN** explodierte, verteilten sich die Trümmer auf einer großen Fläche von Ütteroda bis Krauthausen. Auf dem Waldweg zwischen Ütteroda und der Mittelmühle lag einer der Geschütztürme. Die zwei größten Trümmerteile kamen am Ortsausgang von Madelungen und am Ortseingang von Krauthausen herunter. Das Haus der Familie Müller in Madelungen wäre um ein Haar vom Heckteil des Flugzeugs getroffen worden. Es landete unmittelbar hinter dem Grundstück, ebenso zwei tote Flieger, bis zur Unkenntlichkeit verbrannt. Nach ihrer Position im Flugzeug zu urteilen könnten dies Oleson und Frederiksen gewesen sein. Die Spuren des Feuers sind bis heute an einem Balken der Stallung erhalten.

Der vordere Teil der Maschine krachte einige hundert Meter weiter auf eine Wiese, kurz vor Krauthausen. Auch dort das gleiche Bild des Grauens und der Zerstörung.

Laut KU Bericht 3076 erfolgte der Absturz um 11:50 Uhr. Die Besatzung bestand aus neun Mann, dem Piloten 2Lt. Roy E. Bolin – aus Illinois, dem Co Piloten 2Lt. Laurence G. Barben – aus Kansas, dem Navigator 2Lt. Louis P. Ajello – aus New York, dem Bombenschützen 2Lt. Truman Armstrong Jr. – aus California, dem Engineer Sgt Charles E.Weatherly – aus Texas, dem Radio Operator S/Sgt William Aaron – aus Connecticut, dem linken, hinteren Schützen Sgt Robert W. Oleson aus Montana, dem rechten hinteren Schützen Sgt Tage R. Frederiksen – aus New York und dem Heckschützen Sgt Orland J.

Absturzstelle Krauthausen. Sammlung Hälbig

Schooley – aus Virginia. Als die Geschosse die Maschine zerfetzten und sie zerbrach wurde Sgt Schooley durch den Luftstrom ins Freie gerissen. Er öffnete gleich seinen Fallschirm und war der einzige Überlebende.

Schooley. Kassel Mission Historical Society.

Er hatte sieben Granatsplitter im Fuß und blutete sehr stark. Es gelang ihm nicht diese Blutung zu stillen. Die Deutschen fanden ihn aber relativ schnell und gaben ihm erste Hilfe. Er wurde nach Eisenach ins Krankenhaus gebracht wo man die Blutung rasch stoppen konnte. In einem Interview das er 2010 als 89-jähriger gab berichtet er von diesem Ereignis. Er sagte: Die (Deutschen) haben mir das Leben gerettet und der Schmerz, den er hatte als ihm eine deutsche Krankenschwester reinen Alkohol auf die Wunde gegossen hat könnte er heute noch spüren „but they saved my life … aber sie retteten mein Leben". Er wurde noch 91 Jahre alt. Immer wieder von Alpträumen geplagt. Seine Kameraden hatten nicht so viel Glück und er fühlte sich sein ganzes Leben lang schuldig. Warum ausgerechnet er. Auch die anderen hatten ihr Leben noch vor sich. Schooley war damals gerade 24 Jahre alt.

Roy E. Bolin und seine Mannschaft waren vom 25.08.1944 bis zum 21.09.1944 sechs Missionen geflogen.

Miss No	Datum	Grp Mssn No	Stadt	Country	Target
1	25/08/44	154	Wismar	Germany	Air Base
2	08/09/44	159	Karlsruhe	Germany	Marshalling Yards
3	10/09/44	161	Ulm	Germany	Marshalling Yards
4	12/09/44	163	Hannover	Germany	Gas Refinery
5	13/09/44	164	Ulm	Germany	Engine Works
6	21/09/44	165	Koblenz	Germany	Marshalling Yards
7	27/0944	169	Kassel	Germany	FW Acft Factory

Kassel war die siebente. Sie hätten weitere 29 Missionen fliegen müssen um wieder nach Hause zu kommen. In dieser kurzen Zeit hatten sie schon eine

Geschmolzene Schuhschnalle. Dieses Bild gibt einen kleinen Eindruck davon was diese Hitze bewirkte. Es zeigt ein Stück geschmolzenes Aluminium von der Absturzstelle. Die Struktur, die einer Leiter ähnelt ist der Rest eines Verschlusses von einem amerikanischen Flieger Stiefel, einem „Arctic“ overshoe buckle.
Sammlung Hälbig

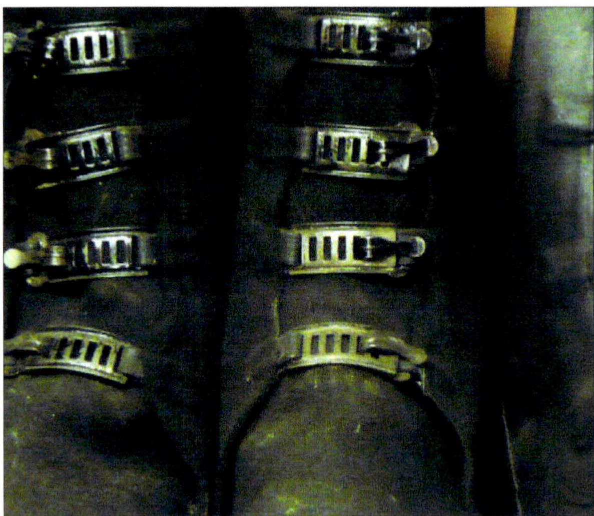

Schuhschnalle neu. Das Bild zeigt das ursprüngliche Aussehen. Er wurde auch Zeuge wie Herr Willi Dietzel einen Pferdewagen mit Stroh auslegte, worauf man die Toten nebeneinander aufbahrte. Sie wurden zunächst auf den Friedhof von Krauthausen gebracht und dort in einer Ecke erstbestattet – der Anfang einer langen Odyssee.
Sammlung Hälbig

Menge traumatischer Ereignisse durchlebt und so schrieb Roy in einem seiner letzten Briefe nach Hause, sie mögen bitte aufpassen, dass der kleinere Bruder um den er sich sorgte nicht freiwillig in den Krieg zieht: „Nur Narren tun das.“

Am 24.03.1921 wurde Roy geboren und wuchs mit seinen Geschwistern auf einer kleinen Farm in Illinois auf. 1943 schloss er sein Studium an der University of Illinois ab und ging sofort zum Militär. Er hatte schnell gelernt was Krieg bedeutet und fiel ihm genauso schnell zum Opfer. Eine Verwandte, damals noch ein Kind, die gerade mit ihrer Mutter bei Roys Eltern zu Besuch war, sah wie Roys Mutter mit **dem Brief**, der die Nachricht seines Todes überbrachte, schluchzend und zitternd auf der Veranda saß. Ihre Mutter sagte ihr, sie solle jetzt nicht zu Roys Mutter gehen, da sich gerade ihre ganze Welt verändert habe. Sie hatte sich für immer verändert und sie konnte es, wie auch andere Mütter auf beiden Seiten des Atlantiks nie verwinden egal ob sie Bolin, Mett, Brunotte, Lottes oder Forster hießen. Sie alle starben an diesem Tag an dem die Familie Bolin, Roy und in übertragenen Sinne auch seine Mutter verloren hatte. Die Familie war nicht mehr die gleiche wie vorher. Zum Glück wurde sie nicht mit den Bildern konfrontiert, die Alt-Bürgermeister Werner Nowatzky von Krauthausen in seiner Erinnerung mit sich herum tragen musste. Er sah die Toten Flieger. Durch die große Hitze waren sie schwarz verkohlt und auf Puppengröße geschrumpft.

Krauthausen-Erstgrablage. Sammlung Hälbig

Herr Willi Dietzel und Herr Fritz Schieck hatten eine kleine Holzkiste gebaut wo man sie hinein legte, alle sieben!! Hier blieben sie bis zum 19.04.45. Von Krauthausen sind sie zunächst auf den amerikanischen Soldatenfriedhof nach Eisenach-Hötzelsroda verlegt worden. Feld A, Gemeinschaftsgrab 245, Reihe 10. Als die Amerikaner Thüringen besetzt hielten, war der jetzige Soldatenfriedhof in Hötzelsroda kurzzeitig ein Sammelfriedhof der U.S. Army, auf dem sie in Thüringen gefallene U.S. Soldaten zusammen führten und beisetzten.

QMC FORM 319
7 May 1945

BURIAL INFORMATION

NAME (Last, First, Middle Initial)	ASN	GRADE
293 BOLIN, Roy E	0-705107	2nd Lt.
ORGANIZATION Air Corps		DATE OF DEATH 27 Sept. 44
PLACE Germany	DATE OF BURIAL	DATE OF REBURIAL 19 Aprl. 45

REMARKS

Lt. Bolin, 2nd Lt. Louis P. Ajello, 0-722971, 2nd Lt. Truman Armstrong Jr., 0-773278, 2nd Lt. Laurence G. Barben, 0-771270, Sgt. Robert W. Oleson, 39,618,538, Sgt. Charles E. Weatherly 38,436,326, and S/Sgt. William Aaron, 11,072,501 are interred in Common Grave 245, Row 10, Plot A, U.S. Mil. Cem., #1 Eisenach, Germany, but individual identity cannot be determined.

see Reburial Margraten

25-39936-5M

IDPF. Eisenach. Sammlung Hälbig

Da per Gesetz bestimmt wurde, das kein amerikanischer Soldat in Deutschland bestattet bleiben darf (es sei denn auf ausdrücklichen eigenen Wunsch) wurden sie von dort auf einen der ABMC Friedhöfe in Frankreich, Belgien, England oder Holland verlegt. Die American Battle Monuments Commission unterhält weltweit 24 permanente Soldatenfriedhöfe und 25 weitere Gedenkstätten. 124905 amerikanische Soldaten fanden dort ihre letzte Ruhe. Per Public Law (Gesetz) 389, des 66. gewählten U.S. Kongresses und Publik Law 368, des 80. U.S. Kongresses wurden die Bestimmungen der Beisetzungen definiert. Die Angehörigen konnten sich für eine Bestattung in Übersee oder eine Rückführung in die USA entscheiden. Ein späterer Sinneswandel war nur noch bis 1951 möglich. Danach war es nicht mehr gestattet Umbettungen in die Staaten vorzunehmen, zum einen wegen der Bewahrung der Totenruhe und zum anderen um das Gesamtbild nicht zu verändern oder zu schädigen. Die ABMC Ruhestätten sind ausnahmslos wunderbar gestaltete, nachdenklich machende und zur Besinnlichkeit inspirierende Parkanlagen. Viele Familien die den Wunsch hatten ihre Liebsten doch nach Hause zu überführen verwarfen dieses Ansinnen meist nach ihrem ersten Besuch. Ein Aufenthalt auf einem ABCM Friedhof ist in der Tat ein unvergessliches, tief beeindruckendes Erlebnis.

Roy Bolin und seine Kameraden wurden am 25.Juni 1945 von Hötzelsroda auf den amerikanischen Soldatenfriedhof Margraten in Holland verlegt, Plot QQ, Reihe 10, Common Grave 245.

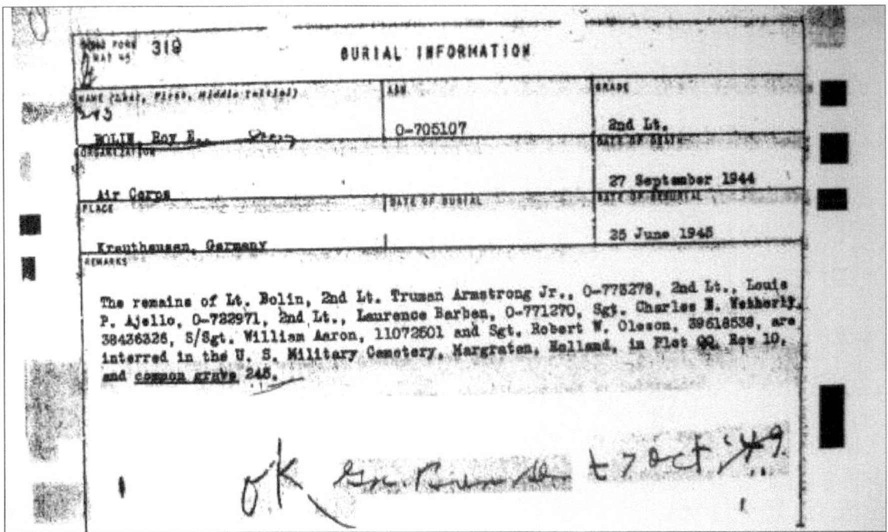

319 BURIAL INFORMATION

NAME (Last, First, Middle Initial): BOLIN, Roy E.
ASN: 0-705107
GRADE: 2nd Lt.
ORGANIZATION: Air Corps
DATE OF DEATH: 27 September 1944
PLACE: Kreuthausen, Germany
DATE OF BURIAL:
DATE OF REBURIAL: 25 June 1945
REMARKS:

The remains of Lt. Bolin, 2nd Lt. Truman Armstrong Jr., 0-775278, 2nd Lt., Louis P. Ajello, 0-722971, 2nd Lt., Laurence Barben, 0-771270, Sgt. Charles E. Wetherly, 38436326, S/Sgt. William Aaron, 11072601 and Sgt. Robert W. Oleson, 39618538, are interred in the U. S. Military Cemetery, Margraten, Holland, in Plot QQ, Row 10, and common grave 245.

OK ... 7 Oct '49

IDPF. Holland. Sammlung Hälbig.

Bolin Gräber. Kassel Mission Historical Society.

Das Bild zeigt das wiederum vorläufige Grab in Holland. Die Verwandten entschieden sich für eine Rückführung ihrer Verstorbenen in die USA. Am 13.03.1950 kamen die sieben auf dem Jefferson Barracks National Cemetery in St. Louis, Missouri zur allerletzten Ruhe. Plot 82 0 14B.

Endgrablage – USA. Sammlung Hälbig

Aber auch in Krauthausen haben sie etwas hinterlassen, das an sie erinnert. Man muss nur auf das Dach der Kirche schauen. Dort steht, wie auf vielen Kirchdächern ein Wetterhahn – dieser aber wurde aus dem Blech der **B-24J-5, DT 42–51355, K RN** gefertigt.

Gefertigt aus B-24 Material. Krauthausen. Sammlung Hälbig

Das Massaker beginnt

Die Luftschlacht vom 27. September 1944 über Thüringen und Hessen – Teil 3

Die Kampfhandlungen dehnten sich nach dieser ersten Phase zwischen Nazza und Krauthausen, in der das Abwehrfeuer der Bomber der IV. Sturm/JG 3 die ersten Verluste beigebracht hatte, schnell auf ein Gebiet aus, dass von Nesselröden, Ulfen, Herleshausen, Gerstungen, Richelsdorf bis ins Werratal bei Lauchröden reichte. Inzwischen waren auch amerikanische Jäger aufgetaucht und die Schlacht nahm an Dramatik und Härte für beide Seiten zu. An diesem Tag regnete es kein Wasser aus der geschlossenen Wolkendecke, sondern unzählige Teile von explodierten Flugzeugen, Ausrüstungsgegenstände, lebende und tote Flieger.

Tragflächenrest B-24. Sammlung Hälbig

Lt. Bolins Abschuss in Krauthausen war nur der Anfang für die Amerikaner und weitere B-24 sollten in kurzer Zeit folgen. Ernst Schröder, II. Sturm/JG 300, der an diesem Tag zwei B-24 abgeschossen hat beschreibt die Situation wie folgt. Frei aus dem Englischen: *„Ich umkreiste die Wracks meiner Gegner in großen Spiralen und verringerte die Flughöhe stetig. Aber meine Aufmerksamkeit wurde durch die furchtbaren Ereignisse um mich herum ständig abgelenkt. Überall sah man Flieger, die am Fallschirm hingen und Richtung Erde schwebten. Ebenso tauchten kleine und große Trümmerteile von Flugzeugen vor meinem Cockpit auf, denen ich mit 600 bis 700 km/h entgegen raste. Ich schloss meine Augen des Öfteren, weil ich befürchtete mit einem dieser Trümmer zusammen zu stoßen."* Dieses Szenario macht die Beweislage für erbrachte Abschüsse ebenso schwierig, wie die Erstellung einer lückenlosen und fehlerfreien Chronologie des Luftkampfes. Nur so ist auch der große Unterschied bei den gemeldeten Abschusszahlen erklärbar. Die deutsche Seite beanspruchte 72 Luftsiege, davon 65 viermotorige Bomber. Tatsächlich gingen auf amerikanischer Seite 29 B-24 „Liberator" und eine P-51 „Mustang" verloren sowie 29 Jagdflugzeuge auf deutscher Seite. Die amerikanischen Begleitjäger beanspruchten davon 25 Abschüsse und die Besatzungen der Bomber fünf sichere Luftsiege, was in etwa stimmt. Ernst Schröder kam an diesem 27. September 1944 mit seiner Gruppe von der Luftwaffenbasis in Finsterwalde, obwohl die Heimatbasis Erfurt-Bindersleben war. Sie wurden wegen der völlig geschlossenen Wolkendecke von einem Boden Kontroller an den Bomberstrom herangeführt, konnten diese aber lange nicht finden. Als der Kontroller deswegen schon ungehalten war, weil sie seinen Daten und Informationen nach genau vor ihnen sein mussten, entdeckten sie schließlich die Bomber. Sie kamen näher und näher und plötzlich gingen einige der großen Maschinen in Flammen auf oder explodierten. Sie selber hatten noch nicht einen Schuss abgegeben. Folglich hatte eine andere Jägergruppe mit dem Angriff bereits begonnen. Die, die es erlebt haben sind noch heute erstaunt darüber, dass durch die vielen umherschwirrenden Geschosse und Flugzeugteile niemand am Boden zu Tode kam. Verletzte am Boden gab es schon, aber zu einem späteren Zeitpunkt, wenn man diese Formulierung überhaupt verwenden darf. Der gesamte Luftkampf dauerte gerade einmal 6 Minuten. In diesen 6 Minuten verloren 137 junge Menschen ihr Leben, wobei sich dieses Geschehen in einem Gebiet mit einem Radius von nur 16 Meilen abgespielt hat!!!

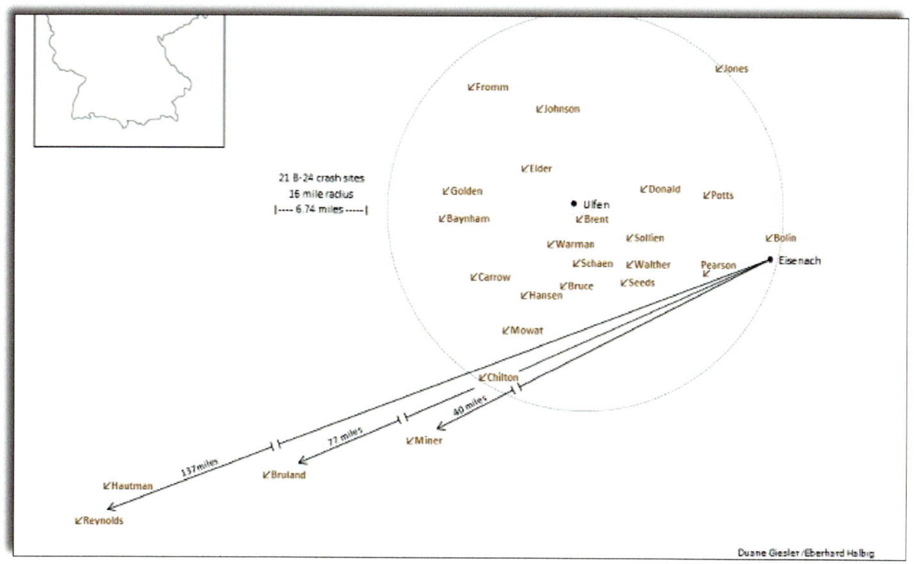

Karte. Giesler-Hälbig

Wieder vermittelt der Erlebnisbericht von Ernst Schröder einen kleinen Eindruck dieser Ereignisse:

„Mein Gruppenführer und ich hatten ein neues Zielgerät in unseren Maschinen installiert, das sehr schnell laufende Kreiselkompasse enthielt und eine automatische Zielbestimmung in kürzester Zeit möglich machte. Damit konnte man viel genauer und effektiver schießen, noch dazu aus viel größerer Entfernung als gewöhnlich. In meinem Fall war das Ergebnis sehr beeindruckend. Bevor ich meinen Bomber erreicht hatte, stand dieser bereits in Flammen als Ergebnis des Beschusses meiner sechs Bordwaffen. Beide Motoren auf der linken Seite brannten. Das Flugzeug legte sich auf die linke Seite und stürzte ab. Auch die Nachbarmaschine rauchte schon von einem früheren Treffer. Ich änderte rasch die Daten in meinem Zielgerät, schoss und der Bomber fing Feuer. Die neuen Zielgeräte funktionierten erstaunlich gut. Ich war überrascht und fasziniert zugleich. Eine Weile flog ich an der Seite meines Opfers und konnte beobachten, wie das Feuer vom gesamten Rumpf des „Liberator“ Besitz ergriff und meterhohe Flammen die Maschine einhüllten. Dann legte sich diese große Maschine schwerfällig auf den Rücken und ging nach unten.“

Für die Anerkennung seiner beiden Luftsiege musste er genaue Angaben über den Ort der Abschüsse machen. Dazu musste er tiefer gehen um unter den Wolken nach möglichst eindeutigen, wiedererkennbaren Landmarken zu suchen.

„Unter mir schimmerte bereits die Erdoberfläche durch die Wolken Schleier, die sich bis in eine Höhe von 1.000 Meter erstreckten. Nachdem ich die Wolkenbänke durchflogen hatte, sah ich unter mir ein kleines Tal mit waldbedeckten Hügeln. Durch das Tal schlängelten sich zwei Eisenbahnstrecken und auf einer von ihnen stand ein Zug. Er stand, denn der Rauch der Lokomotive stieg senkrecht in den Himmel. Dieses Bild habe ich bis heute in Erinnerung. Doch wo waren meine Bomber niedergegangen? Überall lagen brennende Wracks herum und jede Menge weiße Fallschirme bedeckten die Felder. Sie stammten von amerikanischen und deutschen Fliegern, die dort gelandet waren. Als ich in etwa 100 Meter Höhe über sie hinweg flog blieben einige der Flüchtigen stehen und hoben die Hände. Auch sah ich Soldaten und Polizei auf sie zulaufen, die sie gefangen nehmen wollten. Doch plötzlich wurde meine Suche nach den Aufschlagstellen der Bomber sowie meine Aufmerksamkeit jäh unterbrochen. Im Augenwinkel sah ich etwas auf mich zu rasen und schießen. Es war eine amerikanische P-51 mit gelber Motorverkleidung. (Die sogenannten „Gelbnasen" waren Jagdmaschinen der 361st Fighter Group die am 28. September den letzten Einsatz vor der Verlegung nach AAF Station F-165, Little Walden, Essex, von Bottisham, England flog.)

Gelbnase. USAAF

Wir rasten aufeinander zu, an einander vorbei, drehten und das Spiel begann von neuem. Es war fast so wie es die Ritter im Mittelalter machten. Aber auf einmal hatten meine Bordwaffen Ladehemmung und ich war gezwungen wilde Ausweichmanöver zu fliegen um dem Amerikaner das Zielen zu erschweren. Nach einigen wütenden und wilden Vorbeiflügen entschloss ich mich mein Glück nicht länger herauszufordern und steuerte meine Maschine in Bodennähe. Dort, so hoffte ich, würde der Amerikaner mich durch meinen Tarnanstrich aus den Augen verlieren. Ich flog so niedrig es möglich war und hatte Glück. Der Amerikaner hatte mich verloren. Es war 2nd Lt. Robert Volkman, in seiner Mustang P-51B, 376 FS, 361 FG. Durchgeschwitzt und erschöpft landete ich gegen 11:30 Uhr in Langensalza, wo bei einer ersten Inspektion leichte Beschussschäden am Heck meiner FW-190 sichtbar wurden. Sie waren aber so gering, das ich einen Weiterflug nach Erfurt-Bindersleben machen konnte, das ich gegen 12:15 Uhr erreichte."

Ein gefährliches Unterfangen, denn zu dieser Zeit hatten sich die „dogfights", die Kämpfe Jagdflugzeug gegen Jagdflugzeug von Eisenach in den Luftraum von Gotha verlagert. (Der Begriff „dogfight" ist Fliegersprache, entstanden aus der subjektiven Wahrnehmung von Beobachtern von Luftkämpfen vom Boden aus, für die die Verfolgungsjagd zweier Flugzeuge am Himmel der Jagd von zwei Hunden ähnelt, die sich gegenseitig hetzen und verfolgen). Ernst Schröder ahnte von dieser Situation nichts, obwohl ganz in der Nähe bei Gräfentonna sein Kamerad Oblt. Hermann Kölling, ebenfalls II.JG 300 in seiner FW 190 A8, „Gelbe 5" ums Leben kam. Kölling (geboren am 28.12.1919) wurde in Bad Langensalza beigesetzt. Sein Grab wurde später, wie viele andere auch, entgegen internationaler Gepflogenheiten von „geschichtsfreien Gestalten" der ehemaligen DDR eingeebnet. Diese eingeebneten Gräber waren Gräber von verführten und betrogenen Opfern! – nicht von Tätern. Das Urteil über die Täter wurde in Nürnberg gesprochen oder sie entzogen sich ihrer Verantwortung durch Flucht und Selbstmord.

Ernst Schröders FW-190 war eine schwer gepanzerte FW-190 A8/R8 mit einem 1.800 PS starken BMW 801 Motor sowie 4 MG 151 und zwei weiteren MG 131. Sie hatte die taktische Kennung „Rote 19" und den Spitznamen „Kölle Alaaf", denn Ernst kam aus Köln und war ein Faschingsbegeisterter. In einem Brief grüßte er einmal mit „Ihr Jecke Schröder us Kölle".

Kölle Alaaf. Sammlung Hälbig

FW-190. Ernst Schröder ganz rechts. Sammlung Hälbig

Auch die andere Seite des Flugzeuges trug einen Namen, den seiner Jugendfreundin Edelgard.

Ernst Schröder und Edelgard. Sammlung Hälbig

Nach dem Krieg, den Ernst Schröder in Gegensatz zu vielen seiner Kameraden überlebte war er als Architekt in seiner geliebten Heimatstadt Köln tätig und engagierte sich sehr aktiv bei Veteranentreffen für die Aussöhnung mit seinen ehemaligen Gegnern.

Wie aus der Schilderung von Ernst Schröder hervorgeht, war das von ihm erlebte nicht der erste Akt dieses Luftkampfes. Eine andere Gruppe war bereits vor ihnen da. Die vielen von ihm gesichteten Fallschirme am Boden lassen darauf schließen, dass es sich um eine Landschaft ganz in der Nähe von Eisenach gehandelt haben muss. Hier gingen die meisten Bomber zu Boden und viele Gefangene wurden gemacht – und es gab und gibt dort eine doppelte Eisenbahnlinie. Ähnliche Beschreibungen wie die von Ernst Schröder sind ebenfalls von amerikanischen Fliegern abgegeben worden.

Doppelte Gleisführung. Hier Bahnhof von Wartha, um 1930. Sammlung Wuth

Auch in T/Sgt Doye Lindsay O'Keefe's Leben sollte diese Eisenbahnlinie bald einen nachhaltigen Eindruck hinterlassen. Doye war „radio operator" (Funker-Rufzeichen: P „Peter") der B-24-J; CF # 44-10497; P+IS mit dem Piloten Lt. Ralph Pearson. Sie gehörten zur 700 BS, die an diesem Tag mit 9 weiteren Flugzeugen die Lead Squadron, die Führungsgruppe bildeten. Pearson nahm innerhalb der Squadron die Position 7 ein, also hinter Chilton und Hunter und vor Carrow und Hansen. Die Besatzung bestand weiterhin aus dem Co Piloten 2nd Lt. Nelson Dimick, Navigator 2nd Lt. Arthur Stearns, Bomberschütze F/O Henry Henrickson, den linken und rechten Seitenschützen S/Sgt Harry Tachovski sowie S/Sgt John Loving, dem Bordtechniker T/Sgt Robert Johnson und dem Heckschützen S/Sgt Dwight Galyon.

Doye O'Keefe war ein gewiefter junger Mann und hatte schon einen Absprung hinter sich – aus Versehen!!!!! Mission 16 – am 4. August 1944 nach Scherine, Frankreich, mussten sie abbrechen weil Motor Nummer 1 nicht funktionierte. Das geschah gerade in der Phase als sich hunderte Flugzeuge zum Verband formieren wollten – eine selbst ohne technische Probleme

Pearson Crew. Kassel Mission Historical Society

gefährliche Situation. Sie verloren an Höhe und Ralph Pearson hatte alle Hände voll zu tun die Maschine zu stabilisieren. Mitten in diesem Chaos kam der Bordtechniker und Pearson nickte ihm nur zu. Das führte zu dem Missverständnis, das Johnson dies für das Signal zum Absprung hielt. Der Heckschütze Galyon rief über das Intercom: Hey, ich sehe hier zwei Fallschirme. Pearson hatte in diesem Moment jedoch andere Sorgen. Er musste das Flugzeug aus der Gefahrenzone heraus auf eine Höhe von 10.000–12.000 Fuß bringen, in der die Wahrscheinlichkeit mit anderen zu kollidieren geringer war. Danach musste er über den Kanal um seine Bomben los zu werden und mit nur drei Motoren anschließend versuchen nach Tibenham zu gelangen. Er hatte schon nicht mehr an die zwei Fallschirme gedacht als er auf der Basis landete. Zur Überraschung aller kamen die zwei „Fallschirmspringer“ nach ihrer Landung in einem Jeep, mit ihren zusammengefalteten Schirmen und waren damit befasst zwei große Tüten Eis zu verputzen. Sie waren früher in Tibenham zurück als ihre angeschlagene Maschine. Doye's nächster Absprung während der Mission 29 seiner Squadron und der 169. der 445th BG sollte kein Happy End haben, jedenfalls kein schnelles. Er musste nur noch zweimal fliegen und hätte dann nach Hause zurückkehren dürfen.

Sie waren auf dem Rückflug und alles schien in bester Ordnung zu sein, als plötzlich Pearson über das Intercom rief: „Bandits at Six“, was bedeutete Feindmaschinen von hinten. Schon schlugen Geschosse vom Kaliber 20mm und 40mm mit ohrenbetäubendem Lärm in das Flugzeug ein und explodierten.

Es waren hunderte Geschosse die das gesamte Flugzeug trafen und buchstäblich zersiebten. Rauch breitete sich überall aus. An der rechten Tragfläche war bereits austretender, hochexplosiver Flugzeugtreibstoff zusehen, der langsam in Richtung Bomb Bay kroch. Feuerlöscher waren jetzt sinnlos. Es blieb nur eine Option, der Absprung. O'Keefe machte das einzig richtige. Er öffnete die Bombenklappen der Bomb Bays für den Absprung solange das noch möglich war. Elektrik und Hydraulik funktionierten noch!!! Die 5 Sekunden, die das Öffnen brauchte kamen ihm wie eine Ewigkeit vor und mehr Zeit verblieb ihnen auch nicht. Mehrere Treffer zerfetzten die Cockpit-Elektrik sowie die Hydraulik. Das Flugzeug war tot und einige Besatzungsmitglieder vermutlich ebenfalls. Jeder war von nun an auf sich allein gestellt und die Hitze wurde immer größer. Er hielt die Luft an und sprang aus 22.000 Fuß (7300 Meter) Höhe um sein Leben. Er schildert die folgenden Ereignisse, die er nie vergessen wird. *„Ich sprang mit dem Kopf zuerst ... Öffne den Schirm nicht. Denk daran öffne den Schirm nicht. Ich überschlug mich mehrmals, rollte um meine Achse und stürzte weiter. Ich breitete meine Arme und Beine aus um meine Geschwindigkeit abzumindern. Verlor einen meiner Fliegerstiefel. Rollte in Rückenlage und sah nach oben. Dort etwas vor und über mir flog unsere Maschine ... öffne bloß nicht den Fallschirm. Ich sah dem Flugzeug nach, wo mittlerweile am rechten Flügel Feuer austrat. Ebenso brannten die Bomb Bays. Sah zwei Fallschirme wusste aber nicht wer es war. Ich legte mich etwas nach rechts um von der Formation wegzukommen. Da kollabierte die rechte Tragfläche und stürzte brennend und dröhnend ab.“* Um ihn herum wurde geschossen, brennende Flugzeuge gingen zu Boden.

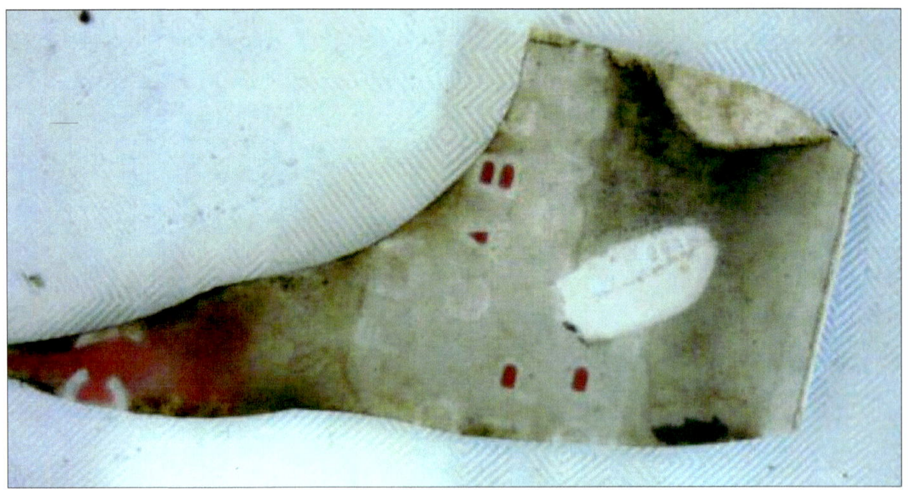

Brandspuren an einem Originalteil. Sammlung Hälbig

Flugzeugteile, Trümmer aller Art, Fallschirme stürzten massenhaft der Erde entgegen (wie es auch Ernst Schröder beschrieben hatte). Alles dauerte nur wenige Minuten. Er war jetzt unterhalb der Wolkendecke und es war Zeit den Fallschirm zu öffnen und er zog die Leine.

„Ich konnte Felder sehen ... Dann Bäume. Eventuell Kiefern und da waren Eisenbahnlinien, ein kleines Gebäude und weiße Hühner rannten umher ... Ich landete in einem gepflügten Feld...Machte mich bereit zum Aufsprung und Abrollen. Es klappte wunderbar. Niemand war zu sehen. Ich schnappte meinen Schirm und rannte etwa 70 Meter bis zu den Bäumen. Ich sah mich um, während ich mein Gurtzeug abschnallte, das ich unter einen Busch warf ... und rannte so schnell ich konnte den Berg hinauf. Oben angekommen fand ich ein Gebüsch, kroch darunter um mich zu verstecken und Luft zu holen. Ich schaufelte mit meinen Händen ein Loch, worin ich meine Kamera vergrub (dort liegt sie wohl noch heute), schnallte meine „Mae West" (Schwimmweste) ab und untersuchte mich nach eventuellen Verletzungen. ... Soweit war alles gut gegangen...Niemand hatte mich gesehen. Nahm meine K-rations (eiserne Ration) steckte sie in die Tasche und ging los. Man, das war ein weiter Weg bis Centralia (sein Heimatort) und niemals fühlte ich mich so einsam und alleine wie jetzt."

Er dachte an das letzte Jahr zu Hause, an seine Mutter Glenna, die ihm am 18. Oktober 1921 in Sunfield, Baily Lane, Illinois das Leben geschenkt hatte und an seine Frau Sara Jane. Wie würden sie reagieren, wenn sie bald das WESTERN UNION Telegramm erhalten mit der Nachricht: Doye Lindsay O'Keefe wird über Deutschland vermisst. Seine Mutter hatte ihm gesagt, vergiss nie den Psalm 91 zu beten, dann wird Dir nichts geschehen. Bis jetzt hatte sie Recht. Unter das Heimweh mischten sich die Erinnerungen an den letzten Sommer 1942 zu Hause. Sie waren oft tanzen und mit Freunden zum Angeln und Jagen. Würde es das letzte Mal gewesen sein? Auch seine Freunde waren im Krieg – in Europa oder im Pazifik. Würden sie sich je wiedersehen? Er zwang sich positiv zu denken. Er musste als erstes aus dieser Gegend verschwinden. Die Vögel zwitscherten und sangen. Das bedeutete, er war allein, niemand war in der Nähe. Er fand ein Schild an einer Autobahn die er bereits bei seinem Absprung vom Fallschirm aus gesehen hatte, auf dem zu lesen stand „KASSEL 120 KM". Er konnte seinen Standort bestimmen und beschloss bei einsetzender Dunkelheit sich Richtung Westen auf den langen Weg nach Hause zu machen. Als es dunkel war verließ er sein Versteck und erreichte bald eine Eisenbahnstrecke. Er kletterte in einen Güterzug der Richtung Westen fuhr und als dieser einmal hielt, sah er auf dem Nachbargleis einen anderen Zug stehen, der mit nagelneuen Panzern und Halbkettenfahrzeugen beladen war. In der Hoffnung, dass diese an die Front nach Frankreich gebracht würden wechselte er schnell sein Versteck und verkroch sich in einem der gepanzerten Fahrzeuge. Er machte ein Streichholz an um seine Umgebung zu sehen und begann zu schlafen. Als es hell wurde und der Zug in einem Bahnhof stoppte, hielt er es für besser den Zug zu verlassen, weil er Kontrollen befürchtete. Das war ein Fehler, denn dabei wurde er beobachtet und so kam es wie es kommen musste. Er wurde in der Nähe von Göttingen, wo sie vor kurzer Zeit irrtümlich ihre Bomben abgeworfen hatten, gefangen genommen.

Es folgte die Befragung in Oberursel, die Kriegsgefangenschaft und nach dem das Lager STALAG LUFT IV in Grosstychow, Polen wegen der heranrückenden Front aufgelöst worden war, der sehr lange Marsch Richtung Westen. Nach über 600 km entbehrungsreichem Fußmarsch wurden sie am 26. April 1945 bei Bitterfeld von der 104th Timber Wolf Infantry Division aufgegriffen, unterernährt, dreckig und verlaust – aber glücklich endlich wieder frei zu sein. Psalm 91 hatte ihm geholfen. Gerne erzählte er die Geschichte von seiner Gefangenahme, die ihn nicht davon abgehalten hatte Streiche auszuhecken. Die Schachtel Streichhölzer, mit deren Hilfe er seine Umgebung in dem dunklen Halbkettenfahrzeug ausgeleuchtet hatte ließ er bewusst darin zurück und versuchte amüsiert sich die verdutzten Gesichter von „Fritz“ oder „Hans“ vorzustellen als die in ihrem nagelneuen Fahrzeug eine Schachtel Streichhölzer mit der Aufschrift „The Top Hat Club“ London, England fanden.

Doye starb im Alter von 90 Jahren, am 11. Januar 2012 in Rock Island, Illinois.

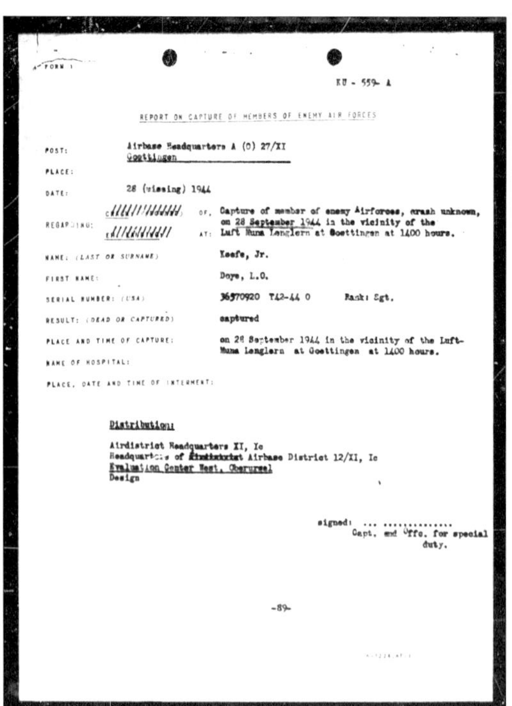

FORM 1

KU - 559- A

REPORT ON CAPTURE OF MEMBERS OF ENEMY AIR FORCES

POST: Airbase Headquarters A (O) 27/XI Goettingen

PLACE:

DATE: 28 (missing) 1944

REGARDING: OF, Capture of member of enemy Airforces, crash unknown, on 28 September 1944 in the vicinity of the AT: Luft Muna Lenglern at Goettingen at 1400 hours.

NAME: (LAST OR SURNAME) Keefe, Jr.

FIRST NAME: Doye, L.O.

SERIAL NUMBER: (USA) 36570920 T42-44 0 Rank: Sgt.

RESULT: (DEAD OR CAPTURED) captured

PLACE AND TIME OF CAPTURE: on 28 September 1944 in the vicinity of the Luft-Muna Lenglern at Goettingen at 1400 hours.

NAME OF HOSPITAL:

PLACE, DATE AND TIME OF INTERMENT:

Distribution:

Airdistrict Headquarters XI, Ic
Headquarters of Airbase District 12/XI, Ic
Evaluation Center West, Oberursel
Design

signed: ... .
Capt. and Offc. for special duty.

-89-

KU 559. Sammlung Hälbig

Das Sterben geht weiter

Die Luftschlacht vom 27. September 1944 über Thüringen und Hessen – Teil 4

O'Keefe fragte sich, wie es wohl seinen Kameraden ergangen war? Er hatte zwar zwei – nur zwei!! Fallschirme gesehen, wusste aber nicht wer es war. Bei der Beantwortung dieser Frage kann auf Schilderungen und Dokumente aber auch auf Fundstücke zu gegriffen werden.

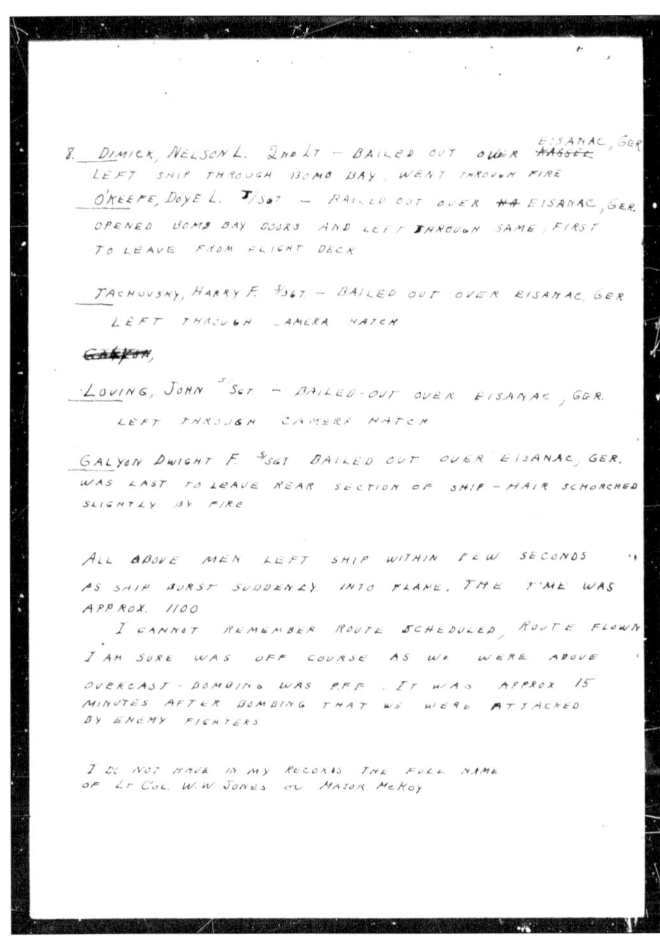

8. DIMICK, NELSON L. 2ND LT – BAILED OUT OVER ~~KASSEL~~ EISANAC, GER
LEFT SHIP THROUGH BOMB BAY, WENT THROUGH FIRE

O'KEEFE, DOYE L. T/SGT – BAILED OUT OVER ~~HA~~ EISANAC, GER.
OPENED BOMB BAY DOORS AND LEFT THROUGH SAME, FIRST
TO LEAVE FROM FLIGHT DECK

TACHOVSKY, HARRY F. S/SGT. – BAILED OUT OVER EISANAC, GER
LEFT THROUGH CAMERA HATCH

~~GALYON~~,

LOVING, JOHN S/SGT – BAILED-OUT OVER EISANAC, GER.
LEFT THROUGH CAMERA HATCH

GALYON DWIGHT F. S/SGT. BAILED OUT OVER EISANAC, GER.
WAS LAST TO LEAVE REAR SECTION OF SHIP – HAIR SCHORCHED
SLIGHTLY BY FIRE

ALL ABOVE MEN LEFT SHIP WITHIN FEW SECONDS
AS SHIP BURST SUDDENLY INTO FLAME. THE TIME WAS
APPROX. 1100

I CANNOT REMEMBER ROUTE SCHEDULED, ROUTE FLOWN
I AM SURE WAS OFF COURSE AS WE WERE ABOVE
OVERCAST – BOMBING WAS P.F.F. IT WAS APPROX 15
MINUTES AFTER BOMBING THAT WE WERE ATTACKED
BY ENEMY FIGHTERS

I DO NOT HAVE IN MY RECORDS THE FULL NAME
OF LT COL. W. W. JONES OR MAJOR McKOY

Aussage Pearson. Sammlung Hälbig

Das Dokument in Bild 1 ist ein sogenanntes „CASUALTY QUESTIONNAIRE“, ein Befragungsbogen, der von jedem Flieger nach der Rückkehr aus der Gefangenschaft über das Wissen vom Schicksal oder Verbleib ihrer nicht zurückgekehrten Kameraden, erstelllt wurde. Das vorliegende Dokument ist aus dem MACR 9384, AFPPA-12, 6 – 3862, AF und gibt den Wissensstand vom Piloten Ralph H. Pearson wieder. Es enthält nachfolgende Informationen:

„8 DIMICK, NELSON L. 2nd LT, SPRANG ÜBER EISENACH, DEUTSCHLAND AB. ER VERLIESS DAS FLUGZEUG DURCH DEN BOMBENSCHACHT MUSSTE DABEI DURCH DAS FEUER.

O'KEEFE, DOYE L. 1st / SGT, SPRANG ÜBER EISENACH, DEUTSCHLAND AB. ER ÖFFNETE DIE BOMBENSCHACHT TÜREN UND SPRANG DURCH DIESE AB. ER WAR DER ERSTE VOM FLUGDECK, DER DIE MASCHINE VERLIESS.

TACHOVSKY, HARRY F. S/SGT, SPRANG ÜBER EISENACH, DEUTSCHLAND AB. VERLIESS DAS FLUGZEUG DURCH KAMERA KLAPPE.

LOVING, JOHN S/SGT, SPRANG ÜBER EISENACH, DEUTSCHLAND AB, VERLIESS DAS FLUGZEUG DURCH DIE KAMERA KLAPPE.

GALYON, DWIGHT F. S/SGT, SPRANG ÜBER EISENACH, DEUTSCHLAND AB. ER WAR DER LETZTE; DER DIE HECKSEKTION DER MASCHINE VERLIESS – DABEI VERSENGTE ER SICH SEINE HAARE LEICHT.

ALLE OBEN AUFGEFÜHRTEN MÄNNER VERLIESSEN DAS FLUGZEUG BINNEN WENIGER SEKUNDEN BEVOR ES IN FLAMMEN AUFGING. DAS GESCHAH ETWA GEGEN 11:00 UHR. ICH KANN MICH NICHT AN DEN GEPLANTEN KURS ERINNERN. ABER DIE GEFLOGENE ROUTE WAR BESTIMMT NICHT DER RICHTIGE KURS. DA WIR VOLLSTÄNDIGE BEWÖLKUNG HATTEN BOMBTEN WIR PFF. ES WAR UNGEFÄHR 15 MINUTEN NACH DER BOMBARDIERUNG ALS UNS DIE FEINDLICHEN JÄGER ANGRIFFEN.

ICH HABE DIE KOMPLETTEN NAMEN VON LT. COL. W W JONES UND MAJOR McCOY NICHT IN MEINEN AUFZEICHNUNGEN.“

Soweit der Inhalt. von Dokument AFPPA-12,6 – 3862, AF.

Ralph Pearson erinnert sich weiter: Der Bug unserer B-24 wurde von vielen Geschossen getroffen. Die Konsolen explodierten und flogen herum. Lt. Hendricksen, Bombenschütze und Lt. Stearns, Navigator dürften diese Treffer wegen der Positionen, die sie im Flugzeug besetzten nicht überlebt haben. All das ereignete sich rasend schnell und Feuer brach aus (frei aus dem Englischen): *„Nachdem die Kontrollkabel durchgebrannt waren wendete ich mich kurz nach hinten, um nach den Bombenklappen zu sehen. Zum Glück hatte Sgt. O'Keefe das Feuer frühzeitig bemerkt und die Bombenklappen rechtzeitig hochgefahren bevor wir die Hydraulik komplett verloren. Hinter mir stand eine Wand aus Feuer und Rauch. Ich sprang vom Cockpit auf den Boden des Rumpfes und von dort gleich ins Freie. Ich sah noch wie sich das brennende Flugzeug zur Seite drehte.“* Er war noch immer in 25.000 Fuß Höhe und ohne Sauerstoff Maske und Helm. Ein Glück für ihn!!! Er konnte sich an diese Phase kaum erinnern und kam erst wieder völlig zu Bewusstsein als sich der Fallschirm mit einem gewaltigen Ruck öffnete. Der Ruck war so stark das er seine wundervollen, gefütterten und warmen Fliegerstiefel verlor und nun nur mit Socken an den Füßen Richtung Erde schwebte. Dabei dachte er: Mist, jetzt wird wohl irgendein deutsches Kind meine bequemen Stiefel tragen.

Auf dem Weg nach unten wurde er von einem deutschen Jäger umkreist, der ihn beobachtete bis er gelandet war. Dort warteten bereits einige Soldaten auf ihn. Sein Gesicht war schwer verbrannt und hätte er seinen Helm und die Sauerstoff Maske getragen, wären seine Verletzungem irreparabel gewesen. Das Gummi dieser Ausrüstungsgegenstände wäre mit seiner Haut verschmolzen. Einer der Soldaten fragte ihn ob er schlimme Schmerzen habe, was er nur mit Ja beantworten konnte. Und dann geschah etwas, was ihn sehr überraschte. Er hatte gerade deutsche Städte bombardiert, es war Krieg, überall nur Hass und Gewalt und plötzlich kam einer der Soldaten mit einem Motorrad mit Seitenwagen. Er wurde hineingesetzt und auf schnellstem Weg in das nächste Krankenhaus gefahren. Das war in Eisenach. Er war sehr erstaunt über die Sauberkeit und die Ausstattung die er dort vorfand. *„Ich hatte Verbrennungen zweiten und dritten Grades überall im Gesicht. Die deutschen Ärzte waren sehr vorsichtig als sie mein Gesicht desinfizierten und reinigten. Anschließend wickelten sie mich ein, so dass ich wie eine Mumie aussah. Ich konnte nicht sprechen und es blieben nur zwei Schlitze zum Sehen und jeweils einer für die Nase und den Mund zum Atmen und essen. Was ich essen konnte waren nur kleine Brotkrümel die ich durch das Loch in den Mund warf. Aber ich überließ alles den deutschen Ärzten und muss sagen, dass die einen verdammt guten Job gemacht haben. Ich habe keinerlei Narben davon getragen.“* Er kam wie alle anderen Offiziere ins Gefangenlager Stalag 1 in Barth an der Ostsee.

Nach dem Krieg widmete er sich den Automobilen und dem Modellbau. Er wurde Mitarbeiter bei Williams Fabrication, die sich mit der Restauration von Oldtimern befassten und wo er aus „langweiligen Familien Kutschen“ getunte Rennschlitten fertigte. Wie das Befragungsdokument aus dem MACR 9384 zeigt wurde der Rest seiner Mannschaft in oder nahe von Eisenach gefangengenommen. Einer davon war ebenfalls im Eisenacher Krankenhaus. In seinem „Mumien Kostüm“ hatte Pearson seinen Kameraden Harry Tachovsky, der dort gleichfalls behandelt wurde, nicht wahrgenommen. Harry hatte sich bei seiner Fallschirmlandung eine Beinverletzung zugezogen, ein Grund für seine Gefangennahme. Mit dieser Verletzung war es ihm nicht möglich den nahen Wald zu erreichen um sich dort mit seinem Kameraden Nelson L. Dimick, der keine zwanzig Meter von ihm entfernt zu Boden kam, zu verstecken. Aber Harry bezeugte bei seiner Befragung die schweren Verletzungen seines Piloten und auf Grund dieses Augenzeugenberichtes bekam Ralph H. Pearson 48 Jahre später am 3. Juni 1992, das PH das „Purple Heart“ verliehen, die höchste Auszeichnung für eine Verwundung. Ralph starb im Alter von 79 Jahren am 28. Dezember 1997 und ist in seinem späteren Leben nie wieder geflogen.

Purple Heart. Sammlung Hälbig

Das Flugzeug von Ralph H. Pearson bildete nach der Explosion ein Trümmerfeld das vom Großen Borntal, der Tiroler Platte bis weit hinter den Großen Herzberg bei Lauchröden reichte. Dort lag das Cockpit mit zwei Toten darin. Es handelte sich um Lt. Hendricksen und Lt. Stearns. Beide waren zur Zeit des Absturzes bereits tot, getroffen von den Bordwaffen der deutschen Jäger. Gefundene Trümmerteile belegen diese Aussage.

Flügelverstrebung. Sammlung Hälbig

Hebel zum auslösen der Bomben. Sammlung Hälbig

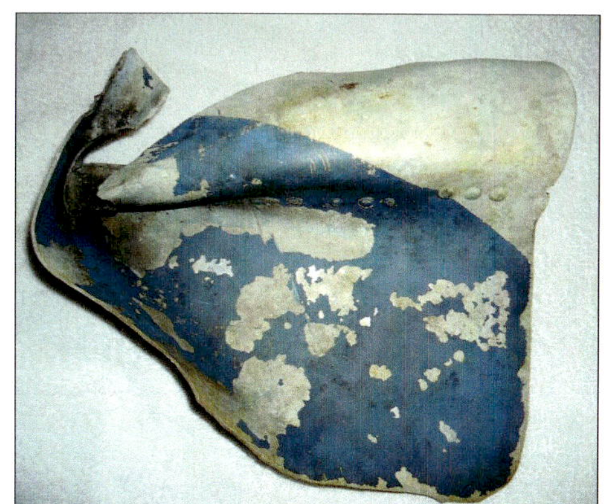

Reste des Hoheitszeichens. Sammlung Hälbig

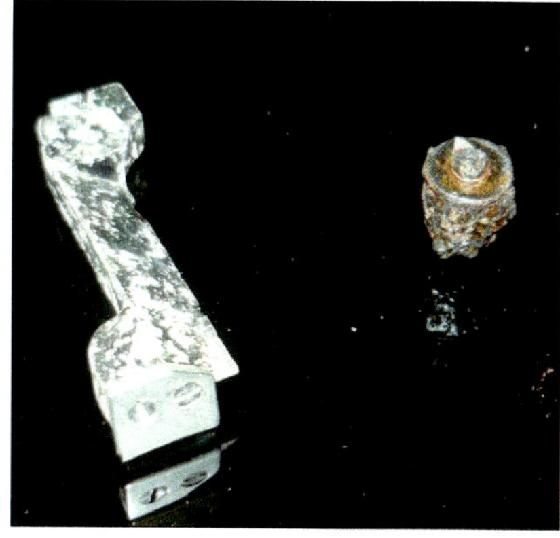

Teile vom Nordon Bombsight und Autopilot. Sammlung Hälbig

Sutton Harness. Sammlung Hälbig

Die zwei Bilder zeigen den Verschluss eines englischen Sutton Harness, eines Sicherheitsgurtes, der nicht mit amerikanischer Fallschirmtechnik harmonisierte.

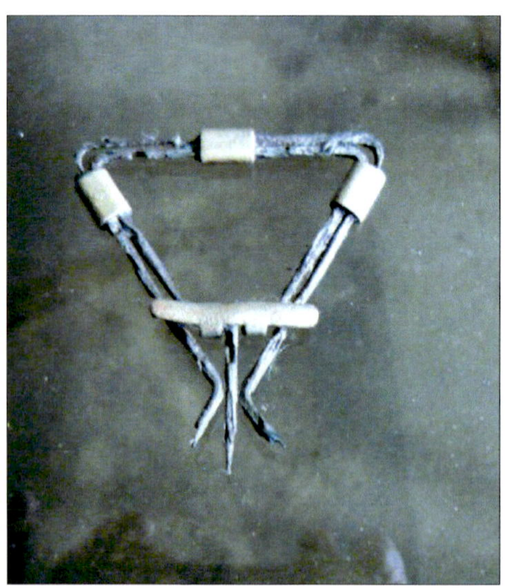

Fundstück. Sutton Harness. Sammlung Hälbig

Während man die Trümmer um die Tiroler Platte den Flügeln und mittlerem Rumpf zuordnen kann sind Fundstücke vom Großen Herzberg bei Lauchröden, zum Beispiel ein Hebel zur Betätigung des Bombenabwurfmechanismus, Reste von Navigationsinstrumenten und des Norden Bomb Sight Gerätes eindeutig aus der Rumpfspitze oder Cockpit der B-24. Robert D. Johnson wurde an anderer Stelle gefunden, vermutlich ohne Fallschirm, was niemanden verwunderte. Ralph H. Pearson gab bei einer Befragung zu Protokoll: Ich weiß von mindestens einer Mission das er (Johnson) ohne Fallschirm flog und verschiedene Male hatte er sein Gurtzeug nicht angelegt. Er trug selten seine Flakweste und wusste meistens nie wo sich sein Fallschirm befand. Er hatte absolut keine Nerven und die Bewegung, die ich kurz vor meinem Absprung im Flugzeug undeutlich wahr nahm war zweifellos Bob. Viele Flieger starben aber auch, weil es oft an Bord der Bomber einen Mix von amerikanischen und englischen Ausrüstungsgegenständen gab. Auch im Flugzeug von Ralph Pearson lässt sich das durch Fundstücke belegen.

Das endgültige Schicksal dieser drei Flieger beschreibt das Dokument FF-4-93 vom U.S. Military Cemetery in Neuville, Belgien. Dort steht: Fall Beschreibung zur Identifizierung des unbekannten Toten Nummer X-6939. Dieser wurde abschließend als Stearns, Arthur E. 2nd Lt. O-711502 identifiziert. Hintergrund. A/C 44-10497 (Air Craft) stürzte am 27.09.1944 in der Gemarkung von Lauchröden, Deutschland ab. Die Besatzung bestand aus 9 Mann von denen 6 den Absturz überlebten und 3 ums Leben kamen.

F/O Henry J. Henrikson wurde in einem Massengrab mit 23 Toten gefunden und konnte an Hand von zwei Erkennungsmarken und einem Wäschezeichen, das auf ihn hinwies identifiziert werden. (Dieses Massengrab war auf dem sogenannten „Judenfriedhof", der sich außerhalb des Ortes Lauchröden in der Nähe der Rimbachs Mühle befand.)

Der Unbekannte X-6943 konnte als T/Sgt. Robert D. Johnson durch eine noch vorhandene Buchstabenfolge in seiner Kleidung und durch einen Abgleich seiner Gebissaufzeichnung identifiziert werden.

Der Unbekannte X-6939 ist ebenfalls durch einen Vergleich seiner Gebissaufzeichnung sowie Resten von Offiziersbekleidung mit einem Abzeichen eines 2nd Lt. und einem Navigator Abzeichen eindeutig als 2nd Lt. Arthur E. Stearns identifiziert worden. Das Schicksal der Besatzung von Flugzeug 44-10497 ist somit abschließend geklärt und der Fall wird geschlossen.

Nicht ganz, denn sie werden ein weiteres Mal exhumiert und in den Jahren 1948–1949 in ihre Heimat zu ihren Familien zurück gebracht wo sie dann endlich ihre letzte Ruhe fanden.

Diese letzte Ruhe war manchen Überlebenden nicht vergönnt. Nachdem sie die traumatischen Ereignisse der Luftschlacht und des Absturzes aus 7000 Meter Höhe mit anschließender Fallschirmlandung gerade kurze Zeit hinter sich hatten, begann die nächste Tortur. Einige von ihnen wurden gezwungen ihre toten Kameraden oder das, was von ihnen übrig war, zu bergen. Was sie sahen muss grauenhaft gewesen sein und einige litten ihr ganzes Leben darunter. Zum Beispiel Carl Sollien. Er musste zusammen mit George Collar und George Eppley in der Ebene von Lauchröden dieses grausige Werk ausführen. Collar und Eppley waren an diesem Tag im Flugzeug von Lt. Schaen, das in der Kohlbach bei Gerstungen abgestürzt ist und George Collar war gerade einem Lynchmord entgangen. Sein Bericht: *„Corman Bean (der Navigator) hatte meinen Fallschirm schon in der Hand (nachdem das Signal zum Ausstieg ertönt war) und half mir diesen anzulegen. Dann öffneten wir die Klappe zum vorderen Fahrwerk und* *sprangen ins Freie.“* Die Schlacht um sie herum war noch im vollen Gange. Dann der Ruck, als sich der Schirm öffnete, wobei auch er seine Stiefel verlor. Etwas weiter weg sah er seinen Kameraden Bean, der ihm zuwinkte. Das nächste Wiedersehen der beiden sollte erst nach dem Krieg stattfinden. *„Schwärme von FW-190 umkreisten mich von überall her und schossen unsere B-24 Flugzeuge ab. Klappen von Bombenschächten drifteten an mir vorüber.“* Er konnte zwischen 30 und 40 Fallschirme sehen, die wie er einer unbekannten Zukunft entgegen schwebten. Schließlich kam er aus den Wolken heraus und hatte endlich freie Sicht. „Unter mir sah ich ein wunderschönes Tal mit bewaldeten Hügeln. Auf einem war die Ruine einer alten Burg (Brandenburg) zu sehen und auch drei Wracks von B-24 Bombern konnte ich erkennen. „Er sah einen Mann auf einem Fahrrad, der seine Landung beobachtete und war froh, dass er die letzten 10 Minuten unverletzt überstanden hatte. Er ahnte nicht, dass seine Probleme erst beginnen sollten. Am Boden wurde er von drei Personen gefangen genommen. Sie zwangen ihn seine schwere Ausrüstung aufzunehmen und ohne Stiefel ins Dorf zu marschieren. Das ganze Dorf hatte sich versammelt um den „Terrorflieger“ zu sehen und Collar konnte ihren Hass spüren. Als ein Jugendlicher begann ihn herum zu stoßen, eskalierte die Situation. Im Hof des Hauses des Bürgermeisters zwangen sie ihn seine Hose herab zu lassen und seine Arme auszustrecken um ihn durchsuchen zu können. *„Als ich dort mit meinen langen Unterhosen stand, kam ein hässlicher Bauer mit großen Fäusten und schlug mich zwischen die Augen, wobei er meine Nase brach. Er versuchte noch einen Treffer zu landen, aber ich duckte mich und versuchte meine Hose wieder hoch zu ziehen. Ich glaubte mit Gewissheit, dass sie alle über mich hergefallen wären falls ich gestürzt und zu Boden gegangen wäre. Er ließ plötzlich von mir ab um einen großen Spaten in seine Hände zu bekommen. Er schwang ihn mit voller Wucht in meine Richtung und ich hörte das Rauschen in der Luft über meinem Kopf. Ich kämpfte um mein Leben. Als wir beide um den Spaten rangen, kam ein alter Mann, grün gekleidet, mit einem Walross Bard dazu und begann mir zu helfen.“* Auch der Bürgermeister und der Polizist gingen jetzt dazwischen und nahmen dem Bauern den Spaten ab. Der Spuck war zu Ende. Als der Bauer „entwaffnet“ war brachte man George Collar in eine Art Gefängnis. Das war ein kleiner Steinkeller bei der örtlichen Kirche. Keine Toiletten, keine Sitzmöglichkeiten, nur der kalte Stein mit etwas Stroh darauf. Bis zum Nachmittag kamen noch weitere 14 gefangene Amerikaner dazu. Die meisten von ihnen wurden von einem Militärfahrzeug in ein anderes Gefangenenlager gebracht. (nach Eisenach in die Stadtkaserne – ehemalige Polizei). Drei von ihnen wählte man aus, Collar, Sollien und Eppley und befahl ihnen auf einem von Pferden gezogenen Leiterwagen Platz zu nehmen. Sie dachten, sie müssten ihre verwundeten Kameraden bergen – aber es war weit schlimmer. Sie mussten ihre toten Kameraden aufsammeln. Zuerst fanden sie in einem Garten einen Toten, der offensichtlich aus dem Flugzeug geschleudert worden war. Er trug keinen Fallschirm und jeder Knochen seines Körpers war gebrochen. Sein Schädel war ganz platt gedrückt. Es handelte sich um Lt. Bateman, ein Besatzungsmitglied der Mannschaft von Lt. Johnson, 703 Squadron. Anschließend fuhren sie bergauf und bergab, über Wiesen und durch Wälder um ihre toten Freunde aufzusammeln. Auf einem Feld fanden sie den toten Funker Joe Guilfoil. Er trug zwar seinen Fallschirm. Den hatten ihm seine Kameraden im Flugzeug bereits angelegt. Aber er war von 20 mm Geschossen in der Hüfte getroffen worden und eines seiner Beine war fast abgetrennt. Sie hatten ihn aus dem Flugzeug geworfen in der Hoffnung das die Deutschen ihn schnell finden und ihm die medizinische Hilfe geben würden, die er von ihnen nicht bekommen konnte. Doch man hatte ihn nicht gefunden. Offensichtlich war er verblutet, denn er lag in einer großen Blutlache. Joe war ein enger Freund von Sgt. Eppley. Sie fanden auch Lt. Martin Geiszler und George Collar hatte nach dem Krieg, die undankbare Aufgabe seinen Eltern über den letzten Tag im Leben ihres Sohnes zu berichten. Ein weiterer Flieger wurde in der Nähe des Mühlgrabens bei der Rimbach Mühle gefunden. Der arme Kerl hatte einen Fallschirm, der sich aber nicht geöffnet hatte. Der Anblick dieses Toten muss grausig gewesen sein, denn seinen Kopf hatte es beim Aufprall in den Brustkorb gedrückt. Auf einer Weide lagen zwei Beine, die von einem Offizier stammten, denn er hatte die „pinks", die pinkfarbene Hose der Offiziere an. Carl Sollien fand sein Flugzeug, B-24 H, # 42-50321, Spitzname „Fort Worth Maid" noch ziemlich intakt als hätte es eine Notlandung gemacht, in der Nähe

Hendricksen & Fort-Worth-Maid. Sammlung Hälbig

von Herleshausen auf einem Feld. Seine Crew bestand aus den Fliegern Lt. William H. Koenig (KIA), Lt. Wesley L. Hudelson (POW), Lt. Malcolm J. Mac Gregor (POW), Lt. John D. Dent (KIA), S/Sgt. Ammi H. Miller (POW), T/Sgt. Charles J. Graham (POW), S/Sgt. James L. Bridgeo (KIA), T/Sgt. William C. Stephens (KIA) und S/Sgt Robert C. Imhoff (KIA). Was er in seinem Flugzeug sah hat sein ganzes Leben verändert. Drei seiner toten Kameraden lagen noch im Heck der B-24 – zwei ohne Kopf und einer ohne Gesicht. Der tote John Dent lag im Bug und William Koenig lag dreißig Meter vom Flugzeug entfernt – unter der Erde. Er war aus 7.000 Meter Höhe auf dem Feld aufgeschlagen und man musste ihn ausgraben. Überlebende Kameraden konnten sich kaum an ihn erinnern, weil er ein sehr ruhiger und zurückhaltender Mann war. Diese furchtbare Information über seinen Fundort wurde im Dokument 25 des MACR 9911 festgehalten. Dent war dagegen mehr ein „Tausendsassa", ein lustiger, witziger Typ und immer positiv eingestellt. Vor jedem Flug pflegte er zu sagen: Leute, ihr müsst Euch keine Sorgen machen. Dies ist heute meine fünfte Mission und ich hatte noch nie Probleme. Eine sechste Mission gab es für ihn nicht.

Ein Leben ohne quälende Alpträume war nach diesen Erlebnissen für Carl Sollien nicht mehr möglich. Carl galt als exzellenter Pilot. Er war sehr umgänglich, beliebt und außerdem ein guter Klavierspieler. Im Offiziers Club spielte und sang er öfters mit dem berühmten Schauspieler Jimmy Stewart. Als hätte er mit den traumatischen Kriegsereignissen nicht schon genug seelische Belastungen mit sich herum zu tragen, bekam er auch noch den „DEAR JOHN LETTER", den LIEBER JOHN BRIEF. Die enden meistens so: Lieber x y, ich kann es nicht länger ertragen und der Nachbar ist so nett. Deshalb möchte ich die Scheidung. Die psychische Belastung muss für Carl, Anfang 20!! enorm gewesen sein. Nach seiner Rückkehr aus der deutschen Gefangenschaft fand zumindestens sein Privatleben noch ein Happy End. Was der Krieg zerstört hatte, hat der Frieden wieder vereint. Carl hat wieder geheiratet – seine geschiedene Frau. Solche Geschichten waren nicht selten. Diese Hintergrundinformationen stammen aus einem Interview von Malcolm Mac Gregor, das er Aaron Elson, einem amerikanischen Autor in den 90er Jahren gab, beziehungsweise aus seinen schriftlichen Erinnerungen, die mir seine Tochter während ihres Besuches in Eisenach im Jahr 2010 überreicht hat. Er war jener Mac Gregor, der es sich nach dem ereignislosen Bombenangriff auf der „Couch" hinter dem Pilotensitz gemütlich gemacht hatte und der noch immer dachte dieser Flug sei ein „Milk Run". War es aber nicht und er erinnert sich an die Ereignisse, die alles ändern sollten: *„Das erste was ich hörte, was ich bemerkte und was mir durch den Kopf ging war: Was zur Hölle ist mit Ammi los? (Ammi H. Miller, der so gerne Priester werden wollte, war im oberen*

Geschützturm. Nicht seine eigentliche Kampfstation. Der für diesen Platz vorgesehen Flieger litt an Klaustrophobie und sie tauschten ihre Plätze. Das brachte diesem den Tod und lies Ammi überleben!!) Warum macht er jetzt einen Waffentest?" Sie waren 23.000 Fuß hoch und während ich mir diese Fragen stellte schoss mir durch den Kopf, vielleicht ist es kein Test sondern er hat einen Grund zum Schießen. Er sah aus dem rechten, kleinen Fenster und da war sie: eine FW-190 in nächster Nähe und von Ammi unter Feuer genommen. Sie drehte ab aber trotzdem bekamen sie laufend Treffer ab. Auch er realisierte nun, dass da draußen nicht nur eine FW-190 auf sie schoss. Carl Sollien hatte große Augen aber in diesem Moment waren sie noch größer, wie Malcolm berichtete. Sein Blick drückte aus, was das nächste sein würde und da die gesamte Elektrik bereits zerschossen war, war dieser Blick eine klare Botschaft: Nichts wie raus hier. Das Flugzeug ist nicht mehr zu halten. Er verließ die B-24 durch den Bombenschacht und als er durch die Wolken kam sah er ein gepflügtes Feld. Eine Fallschirmlandung zur damaligen Zeit kam einem Sprung aus 5 Metern gleich. Dabei verletzte sich Malcolm am Knöchel und er konnte anfangs nicht aufstehen. Zwei Wehrmachtsoldaten kamen bereits auf ihn zu und winkten ihm mit einer Pistole zu. Er signalisierte ihnen seine Friedfertigkeit, worauf hin sie sich näherten und ihm halfen sich aus seinem Fallschirmgurtzeug zu befreien. Anschließend brachte sie ihn zu einem kleinen zweitürigen Auto und fuhren mit ihm zu einem Feld, das eine Art Sammelstelle für gefangene Flieger zu sein schien, denn dort warteten bereits mehrere Besatzungsmitglieder der 445th BG und fragten sich, was wohl weiter mit ihnen geschehen würde. Das war der Fußmarsch nach Eisenach. Durch seine Verletzung konnte er nur schwer dem vorgegeben Marschtempo folgen und seine Kameraden mussten ihn stützen. In Eisenach angekommen wurden sie im Keller eines großen Gebäudes (die alte Stadtkaserne – ehemals Polizei) eingesperrt. Am folgenden Tag trennten sich ihre Wege. Offiziere und Mannschaften wurden nach Oberursel zum Verhör und anschließend in die entsprechenden Kriegsgefangenlager gebracht. Anfang der 90er Jahre wurde in Friedlos bei Bad Hersfeld eine Gedenkstätte zur Erinnerung an dieses Ereignis eingeweiht und Veteranen von beiden Seiten trafen sich dort. Bei dieser Gelegenheit lernten sich Malcolm Mac Gregor und Ernst Schröder kennen. Im Verlauf einer längeren Unterhaltung stellte sich heraus, dass es Ernst Schröder war, der die „Fort Worth Maid" abgeschossen hatte. Aaron Elson fragte Malcolm ob er Schröder die Hand gegeben hätte und ob er wütend gewesen sei. Malcolm antwortete ihm, das er keinen Grund erkennen konnte auf ihn wütend zu sein. Ernst hätte nur das gleiche gemacht, was auch seine Aufgabe gewesen sei, sich gegenseitig zu töten. Bei diesem Treffen lernten sie sich kennen und schätzen. Carl Sollien nahm nie an solchen Veranstaltungen teil. Er wollte nichts mehr damit zu tun haben. Charles J. Graham ist der heute noch einzige Überlebende der „Fort Worth Maid".

Einige der Flieger konnten an diesem Tag nicht geborgen werden, weil sie sich noch immer in ihren brennenden Maschinen befanden und es zu gefährlich war sich ihnen zu nähern. Munition explodierte noch Stundenlang. Bis zum Abend mussten Collar, Sollien und Eppley diese grausame Aufgabe ausführen, ohne Wasser und ohne Nahrung. Als sie wieder eingesperrt wurden hatten sie über ein Dutzend junge Amerikaner geborgen und wollten sich in ihrem kalten Verlies für die Nacht vorbereiten. Sie bekamen etwas trockenes Brot und Ersatzkaffee als ein Lastwagen vor ihrem Gefängnis anhielt mit lauter verwundeten Fliegern darauf. Diesen LKW mussten auch sie besteigen und wurden nach Eisenach gebracht – ins Krankenhaus zur Erstversorgung. Grausamkeit und humanitäre Hilfe lagen in diesen Tagen sehr eng zusammen.

Das Zentrum des Kampfes lag eindeutig im Bereich des Werratales mit den Orten Lauchröden, Neuenhof, Göringen, Gerstungen, Richelsdorf, Herleshausen, Archfeld und Ulfen. In den Fluren und Wäldern dieser Orte gingen 13 B-24 „Liberator“ Flugzeuge verloren. In Lauchröden stürzten allein drei B-24 ab. Lt. Pearson, Lt. Seeds und Lt. Walther.

Graham. Das Bild enthält auch seine Unterschrift und ist ein Weihnachtsgeschenk vom letzten Jahr. Sammlung Hälbig

Der Judenfriedhof in Lauchröden. Erste zivile Opfer

Die Luftschlacht vom 27. September 1944 über Thüringen und Hessen – Teil 5

Die Kampfhandlungen über dem Tal der Werra forderten ihren Tribut. Auf beiden Seiten. In den Werrawiesen und im Wolfstal bei Lauchröden wurden besonders viele tote Amerikaner gefunden. Sie wurden zunächst auf dem so genannten „Judenfriedhof", außerhalb des Ortes nahe der Rimbachs Mühle beigesetzt.

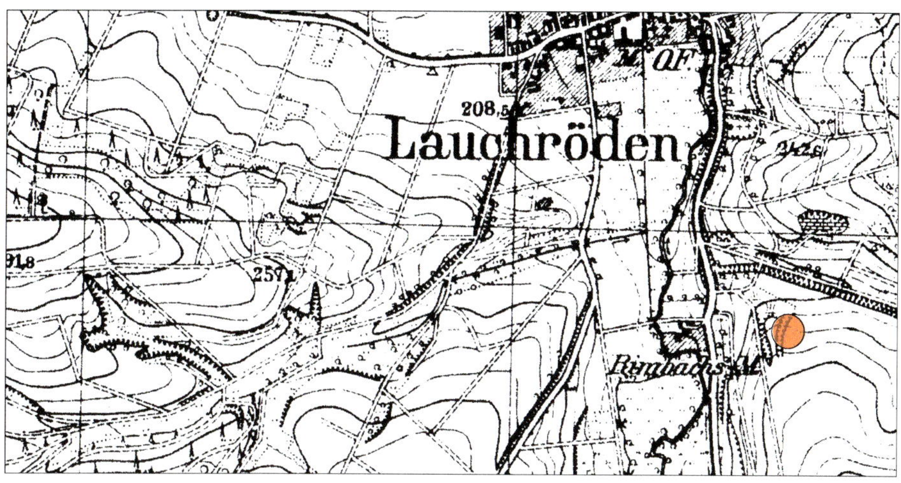

Lauchröden, Judenfriedhof. Messtischblatt Nr. 5026, Berka, Herausgegeben von der Preußischen Landesaufnahme 1908–1930

Diesen Friedhof gibt es heute nicht mehr. Seine Geschichte ist weithin unbekannt und dichtes Gestrüpp mit vielen Dornen verhindern ein begehen dieses Ortes. Und dennoch ist ein Hinweis auf seine Existenz erhalten geblieben. Verschiedene amerikanische Dokumente befassen sich mit diesem Platz. Zum Beispiel gibt die Akte „Extract of Cemetery records, Lauchröden/ Germany - Evacuation Number IF 9262" einen Überblick über das, was die Bergungsteams dort vorfanden. Die Situation und der Anblick muss so furchtbar gewesen sein, das die Amerikaner zum Ausgraben ihrer Toten, Personen verpflichteten, die dem NS Regime nahe standen.

Germany L 51
2915
7583

Evacuation Number
1F 9262

Extract of Cemetery records
Lauchröden, Germany
L 51/N 33 1: 250,000

No.	Name	Date of Death
1	Parson, Richard	1. 10. 1944
2	Durr, John	1. 10. 1944
3	Johnston, Robert	1. 10. 1944
4	Schaam, James	1. 10. 1944
5	Johnson, Eduard	1. 10. 1944
6	Smith, O.P.	1. 10. 1944
7	Huth, Brian	1. 10. 1944
8	Brower, Ross	30. 9. 1944
9	Gilfoil, Joseph	30. 9. 1944
10	Luongo, Michael	30. 9. 1944
11	Warmann E, Leslie	30. 9. 1944
12	Buch, John E.	30. 9. 1944
13	Hollis, Normann	30. 9. 1944
14	Berquist, Oleen R.A.	30. 9. 1944
15	Vernor, Richard W.	30. 9. 1944
16	Geiszler, Martin	30. 9. 1944
17	Crowley, James J.	30. 9. 1944
18	Unknown	30. 9. 1944
19	Unknown	30. 9. 1944
20	Unknown	30. 9. 1944
21	Unknown	30. 9. 1944
22	Unknown	30. 9. 1944
23	Unknown	30. 9. 1944
24	Unknown	30. 9. 1944
25	Unknown	30. 9. 1944
26	Unknown	30. 9. 1944
27	Unknown	30. 9. 1944
28	Unknown	30. 9. 1944

Certified true Copy.
P. C. Johnson II
P.C. JOHNSON II
WD Civilian
Operations

Lauchröden Dokument. IDPF Stearns

Das Bild zeigt den endgültigen Belegungsplan nachdem man weitere tote Flieger aus Gerstungen nach Lauchröden umgebettet hatte. Hier ruhten jetzt die Überreste von fünf Besatzungen, die am 27.09.1944 mit ihren B-24 Bombern im Raum Lauchröden / Gerstungen abgestürzt waren. B-24 J AAF # 44 – 10497, Ralph H. Pearson, 9 Mann Besatzung, 3 KIA (Killed in Action – getötet im Kampf); B-24 J AAF # 42 – 110073, Andrew G. Seeds, 9 Mann Besatzung, 9 KIA; B-24 J AAF # 44 – 10490, Edgar N. Walther, 10 Mann Besatzung, 9 KIA; B-24 J AAF # 42 – 100308, Leslie E. Warman, 9 Mann

Besatzung, 6 KIA; B-24 J AAF # 44–10511, James W. Schaen, 9 Mann Besatzung, 4 KIA. Hinzu kommt noch ein Flieger aus der B-24 J AAF# 42 – 50961 von Reginald R. Miner, die aber in Grebenau, Hessen zerschellte. Das Dokument mit den Namen der Opfer im Bild 2, wird in einem Schreiben des 95. Quartermaster Battalion an die Kriegsgräber Registrierungsbehörde der Amerikaner für Europa, mit Sitz in Berlin näher erläutert. Frei aus dem Englischen:

HAUPTQUARTIER des 95th QUARTERMASTER BATTALION,

Amerikanische Kriegsgräber Registrierung Kommando für Europa, Berlin, Germany

APO 742-A NSK/ug 14. Oktober 1947.

Zeugenbefragung Lauchröden / Germany

Ein deutscher Brief von Fr. Leinert – Furbe berichtet über zweiundzwanzig (22) amerikanische Flieger, die auf dem Friedhof in Lauchröden begraben seien. Das Massengrab, das ich vorfand war nicht auf dem Ortsfriedhof sondern auf einem speziellen Friedhof für Ausländer, der sich auf einem Feld außerhalb des Ortes befand. In diesem Massengrab fand ich einundzwanzig (21) Amerikaner, Angehörige der Air Force sowie ein (1) Grab eines Unbekannten polnischer Nationalität. Das deckt sich mit den Angaben von Fr. Furbe über zweiundzwanzig (22) Gräber, die sich dort befinden sollen. Es gab dort ein Kreuz mit zehn (10) Namen darauf und elf (11) unbekannten Fliegern, die sich alle in diesem einen Grab befanden. Während einer Luftschlacht am 27. September 1944 stürzten nach Aussage des Bürgermeisters vier (4) oder fünf (5) Flugzeuge in unmittelbarer Nähe ab. Nachdem der Kampf zu Ende war fand man einundzwanzig (21) Tote dicht beieinander. Einige fand man im Wald, andere in den Feldern oder dicht bei, beziehungsweise in den Wracks der Flugzeuge. Alle einundzwanzig (21) Flieger wurden von der Militärpolizei durchsucht und alle Dokumente und Erkennungsmarken sichergestellt. Die Militärpolizei hinterließ die angehängte Namensliste beim örtlichen Bürgermeister. Die Friedhof Aufzeichnungen und die Inschriften auf dem Kreuz legen nahe, das folgende Luftwaffenangehörige in dem Massengrab der einundzwanzig (21) beigesetzt sind.

Die elf (11) verbliebenen unbekannten Flieger gehören alle zu den hier in der Nähe abgestürzten Flugzeugen. Weitere Untersuchungen in Lauchröden um zusätzliche Informationen zu dem aufgefundenen Massengrab zu bekommen, waren erfolglos. Die gefundenen und geborgenen einundzwanzig (21) Überreste der Toten waren in einem schlimmen physischen Zustand. Die Länge des Massengrabes betrug etwa 8 Meter und war am Ende etwas aufgeschüttet. Dort wurden bereits 45 cm unter der Oberfläche zwei (2) Tote gefunden. Beide waren Amerikaner. Ich befragte den Bürgermeister nach diesen zwei (2) Toten. Er konnte aber zu diesem Fall nichts weiter sagen, als das diese beiden eine Woche später oder in der ersten Woche im Oktober gefunden wurden. Leute aus dem Dorf brachte die zwei Toten zu diesem Friedhof und bestatteten sie gleich neben dem Massengrab mit den einundzwanzig (21) Opfern. Er glaubt, das sie aus dem einen oder anderen Flugzeug stammten. Sie wurden an unterschiedlichen Stellen des Ortes gefunden. Der eine im Wald und der andere im sumpfigen Gelände etwa zwei Kilometer vom Ort entfernt. Bei beiden hatte sich der Fallschirm nicht geöffnet.

Investigating Officer, 95thQM BN AGRC

N.S. Karlinowich

Seeds Crew. Kassel Mission Historical Society

Drei der namentlich identifizierten Toten auf der Liste, Luongo, Buch und Crowley gehörten zur Mannschaft von 2nd Lt. Andrew G. Seeds. Seine B-24 J, Serial Number 42-110073, Kennung O, 703rd Bomb Squadron flog im Low Left Element der Bomber Box. Die Mannschaft bestand aus 9 Fliegern: 2nd Lt. Andrew G. Seeds; 2nd Lt. Michael J. Luongo; 2nd Lt. Thomas C. Bibb; 2nd Lt. Joseph F. Sirl; Sgt James M. Douglas; S/Sgt John E. Buch Jr.; Sgt Sigmund Mischel; Sgt James J. Crowley und Sgt Clare L. Wheeler.

Dieser Bomber wurde von zwei FW-190 in Brand geschossen. Allen an Bord war jetzt klar, das es nicht lange dauern würde, bis das Feuer sich einen Weg durch das Duraluminium hindurch suchen würde und der hochexplosive Treibstoff ihrem Dasein ein schnelles Ende bereiten würde. Seeds gab das Zeichen zum Austeigen. Er und Copilot Luongo hatten bereits nach den Treffern große Schwierigkeiten, das Flugzeug zu steuern und ruhig zu halten um der Besatzung den Absprung zu ermöglichen. Sie unterbrachen sofort die Treibstoffzufuhr zu den brennenden Motoren. Aber es war bereits zu spät. Die Flügel brachen ab und nach Sekunden, die für die jungen Flieger zur Ewigkeit wurden, legte sich der flügellose Rumpf auf die Seite und begann aus 7.000 Meter Höhe rotierend zur Erde zu stürzen. Diese Rotation war ihr Ende. Die dabei auftretenden Fliehkräfte drückten die Körper der Unglücklichen sowie Ausrüstungsgegenstände an die Decke oder den Boden des Flugzeuges. Ihnen war die Möglichkeit genommen sich zu bewegen und sie konnten die nahen Ausstiegsluken nicht erreichen. Das Leben war draußen. Aber sie waren in ihrem Sarg aus Aluminium gefangen. Die Glücklichen waren die, die bereits im Kampf getötet worden waren. Die noch Lebenden schlossen mit ihrem Leben ab oder kämpften verzweifelt gegen die Schwerkraft bis der Aufprall diesen Kampf beendete. Niemand von dieser Besatzung überlebte. Sie starben auf einem Feld am Böller nahe Lauchröden, nicht weit von Rimbachs Mühle. 70 Jahre sind seitdem vergangen und dennoch gab und gibt es immer wieder Ereignisse, die an sie erinnern. So geschehen 1948, als ein junges Mädchen aus Lauchröden bei der Feldarbeit einen silbernen Anhänger in unmittelbarer Nähe der einstigen Absturzstelle fand. Der Name der jungen Dame war Ursula Holtkamp und sie war damals 18 Jahre alt. Auf der einen Seite des Anhängers stand der Name „THOMAS C. BIBB“.

Anhänger. Kassel Mission Historical Society

Auf der anderen „MURIEL“. Zunächst konnte sie damit nichts anfangen und legte den Anhänger in ihre Schmuckschatulle. Die Zeit verging und nach der Grenzöffnung zwischen Ost- und Westdeutschland ist es dem Zufall zu verdanken, das Walter Hassenpflug, dem geistigen Vater und Zeitzeugen der Kassel Mission mit jener jungen Dame aus Lauchröden zusammen traf und von dem Anhänger erfuhr. Ihm war der Name Bibb natürlich bekannt und er wusste sofort um was es sich bei diesem Fund handelte. Es war ein amerikanisches I.D. Bracelet, wie es oft von Angehörigen der US Army Air Force getragen wurde. Der Name auf der Rückseite konnte der einer Freundin sein. Er begann zu suchen und hatte schnell herausgefunden, dass Thomas C. Bibb der Navigator von Lt. Andrew Seeds war.

Thomas Bibb.
Kassel Mission Historical Society

Auch wußte er, das die gesamte Mannschaft bei Lauchröden gefallen war. Mit Hilfe von George Collar gelang es schließlich, eine Schwester von Thomas Bibb in Amerika zu finden. Es wurden Briefe ausgetauscht und so kam nach und nach Licht ins Dunkel der Vergangenheit. Muriel, ihr vollständiger Name war Muriel Wooddell war die Tochter eines Juweliers im Heimatort von Thomas, in Beckley, West Virginia. Sie war nicht direkt seine Freundin, aber er verehrte sie. Ob daraus eine Beziehung geworden wäre, wird man nicht erfahren. Der Krieg hat dies verhindert. Aber die Geschichte geht noch weiter. Nachdem der Kontakt geknüpft war wollte auch Ursula, dass das Schmuckstück das sie so lange in ihrer Schatulle hatte zur Familie von Thomas zurückkehrte. Edgar Bibb, III, ein Rechtsanwalt und Neffe des gefallenen Fliegers, Walter Hassenpflug und George Collar kümmerten sich um die Details der Übergabe. Für die Familie Bibb kam nicht nur ein Schmuckstück aus Europa zurück, sondern auch das endgültige Wissen über das Ende ihres Verwandten, über das sie so lange nichts wußten. Auch andere Dinge erinnern an sie. In Lauchröden gibt es einen Kompressor, gebaut aus einem Behälter für atembaren Sauerstoff für die Besatzung, der noch heute gute Dienste leistet.

Sauerstofftank als Kompressor. Sammlung Hälbig

Panzerplatte. Sammlung Hälbig

Bombenklappe diente als Dach. Sammlung Hälbig

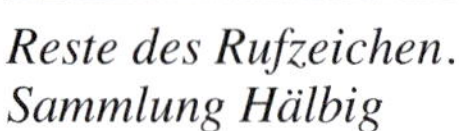

Reste des Rufzeichen. Sammlung Hälbig

Rufzeichen Z. Sammlung Hälbig

Noch zwei andere Gegenstände wurden zunächst einer zweiten Bestimmung zugeführt, bevor sie ins private Museum der KMHS in Eisenach gelangt sind. Da gibt es eine Panzerplatte des oberen Schützen, die Jahrzehnte als Richtplatte diente und der zweite Gegenstand ist eine Bombenklappe, die für den gleichen Zeitraum als „Dach" eines Hühnerstalls Verwendung fand.

Nur etwa 900 Meter nordwestlich der Absturzstelle von Lt. Seeds hatte das nächste Flugzeug sein Rendevous mit der Ewigkeit. Die B-24 J, Seriennum-

Walther Crew. Kassel Mission Historical Society

mer 44 – 10490, Spitzname „JANE“, von Lt. Edgar N. Walther stürzte nahe des Franzosen Brunnen ab. Zur Mannschaft gehörten 2nd Lt. Martin Geiszler, Jr; 2nd Lt. Ross B. Brower; 2nd Lt. John J. Becker; 2nd Lt. Kenneth L. Meeks; T/Sgt Richard W. Vernor; T/Sgt Glenn R.A. Bergquist; S/Sgt John F. Wise; S/Sg Norman A. Hollis und S/Sgt Milo R. Mann.

Die meisten Namen stehen in dem amerikanischen Dokument des 95th QUATERMASTER BATTALION über die Belegung des Judenfriedhofes in Lauchröden. Nur der Pilot der B-24 „JANE“ hatte überlebt. Über die Ereignisse berichtet er: *„Am 27. September 1944 flog ich die zweite Maschine der Führungsgruppe in einer Mission nach Kassel, Deutschland. Ich erlitt eine Quetschung des Hirns, was zu einer fünf tägigen Amnesie führte. Ich wurde am rechten Ellenbogen von einem Geschoss getroffen und hatte mehrere Bänderrisse. Nach fünf Tagen erwachte ich in einem deutschen Hospital für Kriegsgefangene konnte mich aber nicht an den „Unfall“ erinnern. Ich glaube das Flugzeug ist explodiert und ich wurde heraus geschleudert. Ich trug einen Rückenfallschirm, wie mein Co-Pilot sowie der hintere und vordere Bordschütze. Fünf Wochen später traf ich einen Co-Piloten eines anderen Flugzeuges, der auch auf dieser Mission geflogen war. Er berichtete mir, das wir unseren Begleitschutz verloren hatten und das wir von etwa 150 deutschen Jagdflugzeugen angegriffen wurden. Das ist absolut alles, was ich zu dieser Mission und dem Schicksal meiner Kameraden sagen kann. Ich wäre sehr dankbar über alle exakten Informationen, die diese Mission betreffen, denn ich habe viele verschiedene Gerüchte gehört. Respektvoll 1st Lt. Edgar N. Walthers.“*

Die Rufzeichenbilder stützen diese Aussage. Zu sehen ist ein Stück vom Flugzeugrumpf auf denen der Rest eines „Z“ noch deutlich sichtbar ist. Die Kennung der 701. Bomb Group ist „MK“ plus „ Z“ als Rufzeichen der individuellen Maschine. Die Art der vorliegenden Zerstörung lassen nur eine Explosion zu. Der Flugzeugrumpf war silberfarben, ein weiterer Beweis für die B-24 von Walther, denn die ganz in der Nähe abgestürzte Maschine von Seeds hatte grüne Tarnfarbe auf dem Rumpf

Doch an diesem Tag und an diesem Ort gab es nicht nur amerikanische Opfer. Auch Deutsche starben und wurden verletzt. Obfr. Johann Lottes aus München war einer von ihnen. Er gehörte wie Ernst Schröder zum JG 300, 7. Staffel und flog eine FW-190 A8/R2, W.-Nr. 682043, „Weiße 6“, jene Ungetüme der Lüfte, die zwar bis an die Zähne bewaffnet waren und darüber hinaus über jede Menge Panzerung verfügten. Das aber ging alles zu Lasten der Leistung.

Lottes Grab in Erfurt. Sammlung Hälbig

Fahrwerk FW-190-Lottes. Sammlung Hälbig

Ernst Schröder berichtete bereits, das sie beim Kontakt mit den Bombern auf die „Gelbnasen" trafen und wie es ihm gelang zu entkommen. Diese „Gelbnasen" wurden Johann, wie auch anderen Kameraden der „Sturmgruppe" im Verlauf dieser Schlacht zum Verhängnis. Die schweren Flugzeuge vom Typ FW-190 A8/R2 hatten kaum eine Chance gegen die schnellen und wendigen P-51 der Amerikaner. Auch Johann wurde von den „Mustangs" gejagt und er verlor diesen Kampf. Am 11.09.44 hatte er bei Kassel noch Glück gehabt und einen Luftkampf mit einem Amerikaner gewonnen. Seine Maschine stürzte am 27. September 1944 in Unterellen am Marktberg ab und Johann verlor sein noch so junges Leben. Geboren am 12.02.1924, wurde er gerade einmal 20 Jahre alt. Bestattet ist er heute in Erfurt und ein Fahrwerk seiner Maschine befindet sich im privaten Museum der KMHS. Es erinnert an dieses tragische Ereignis.

Lottes wurde neben Kölling ein weiteres Opfer aus der II./ JG 300, jedoch nicht das Letzte. Dieser 27. September 1944 sollte für die „Sturmgruppen" der letzte große Erfolg gegen die Bomber der Amerikaner sein. Nie wieder konnten sie einen ähnlichen Sieg erringen. Die Geschichte der „Sturmgruppen" ist nur von kurzer Dauer gewesen.

Als „Gründungsvater" der „Sturmgruppen" gilt Hans-Günter von Kornatzki. Am 22. Juni 1906 in Liegnitz, Niederschlesien geboren, schließt er sich schon in jungen Jahren der REICHSWEHR an. Er meldet sich zum Flugtraining und beendet diese Ausbildung an der JAGDSCHULE Werneuchen im Jahr 1934. Seine erste militärische Verwendung fand er als Adjutant der I./JG 132, der zu diesem Zeitpunkt einzigen Jagdgruppe der noch geheimen deutschen Luftwaffe. Der sehr talentierte von Kornatzki durchlief die Karierestufen der Luftwaffe sehr schnell und zügig. 1936 bereits Hauptmann, befasste er sich bei Ausbruch des Zweiten Weltkrieges mit der Aufstellung und Ausrüstung von Fliegereinheiten mit der neuen BF-109. Jagdgruppe II./JG 52 war sein „Baby". Seine Fähigkeiten blieben nicht lange unbemerkt. Ab September 1943 gehörte er schließlich zum Führungsstab des Generals der Jagdflieger, Generalmajor Adolf Galland. Zwei kreative, waghalsige Vordenker und erstklassige Flieger hatten sich gefunden. Von Kornatzki hatte keine Scheu den General der Jagdflieger mit seinen Projekten und Ideen zu überschütten. So müßte man doch Mittel und Wege finden, so meinte er, nicht nur einzelne Bomber sondern eine komplette Bomberformation vom Himmel zu holen. Ein solches Ergebnis könnten auch die mit überwältigenden Mitteln ausgerüsteten Amerikaner bei der weiteren Planung ihres Luftkrieges gegen Deutschland nicht unberücksichtigt lassen. Einen Vorschlag, wie man das erreichen konnte hatte er natürlich auch schon. Er schlug die Aufstellung einer Einheit vor, die vornehmlich aus Freiwilligen bestehen sollte. Diese sollten gezielt ausschließlich die Bomber attakieren und einen Kampf mit den Jägern der Amerikaner vermeiden. Desweiteren wurden sie angewiesen das Feuer auf die „dicken Autos" wie sie die Bomber nannten erst zu eröffnen, wenn der Abstand zu ihnen 150 Meter und weniger betrug. Das führte später dazu, das die Piloten dieser Einheiten das Symbol „Das Weiße der Augen" auf ihren Fliegerjacken trugen. Feldwebel Hans Schäfer vom JG 3 hatte es erfunden und wollte damit ausdrücken, das sie erst schießen würden, wenn sie das Weiße in den Augen der Gegner sehen konnten.

Das Weiße der Augen. Sammlung Hälbig

Für den Fall, das die Waffen versagten war ihr Befehl, die gegnerischen Flugzeuge zu rammen und abzuspringen. Jedoch nicht in selbstmörderischer Absicht wie die Japaner. Am 19.10.1943 war es soweit. Die Sturmstaffel 1 wurde aufgestellt. Zunächst mit FW 190 A/6 und FW 190 A/7 ausgerüstet, wurde diese aus

18 Piloten bestehende Gruppe in Dortmund und später in Salzwedel stationiert. Erkennbar waren die Flugzeuge durch ein schwarz-weiß-schwarzes Rumpfband, das auf beiden Seiten von einer weißen Linie eingefasst war. Überdies verfügten diese Flugzeuge über seitliche Panzerung der Kabine um den Piloten vor Beschuss zu schützen. In dieser Aufstellung flog die Sturmstaffel 1 bis Mai 1944 und erzielte beachtliche Erfolge gegen die schweren U.S. Bomber. Es erfolgte eine Umstrukturierung die im Sommer 1944 abgeschlossen war. Es gab jetzt mehrere Gruppen, die man „Sturmgruppe" nannte und die mit schwer gepanzerten FW 190 A8/R2 ausgerüstet waren. Von den ursprünglichen Piloten der Sturmstaffel 1 Oberleutnant Zehart, Leutnant Elser, Leutnant Müller, Leutnant Metz, Major von Kornatzki, Leutnant Gerth, Feldwebel Röhrich, Leutnant Franz, Feldwebel Kosse, Oberfeldwebel Marburg, Feldwebel Peinemann, Unteroffizier Maximowitz, Feldwebel Groten, Unteroffizier Bösch und Unteroffizier Keune nahmen einige auch an der Schlacht am 27. September 1944 über Eisenach teil. Aber nur drei von ihnen überlebten den Krieg. Oschersleben machte die „Sturmgruppen" bekannt. Dafür sorgte die deutsche Propaganda. Nach der Verlegung der IV./JG 3 nach Ansbach unterstand sie nun der 7. Jagddivision und wurde Major Walther Dahls JG 300 angeschlossen. Am 7. Juli 1944 flog die Eighth Air Force Mission 458. Alle drei Bomberdivisionen mit zusammen 1100 B-17 und B-24 Bombern drangen ins Reich ein. Hauptmann Moritz mit seiner IV./JG 3 und Major Dahl mit drei Gruppen JG 300 (zwei mit Bf 109 und eine mit FW 190), bekamen den Befehl zum Angriff. Diese beiden Formationen flogen Richtung Norden, einen parallelen Kurs, jedoch ohne Sichtkontakt. Dahl befand sich in der Gegend von Halberstadt, Moritz über Oschersleben als sie auf die Bomber trafen. Hier kam es zum Präludium des 27. September 1944. Hauptmann Moritz traf auf eine Bomberformation, die ohne Begleitschutz flog. Innerhalb von 10 Minuten schoß die IV./JG 3, 34 B-24 „Liberator" ab – fast eine ganze Gruppe. Die Abschüsse erzielten unter anderem Hauptmann Moritz, Leutnant Werner Gerth und Leutnant Oskar Romm und sie werden es am 27. September über Eisenach in gleicher Weise wiederholen. Goebbels und die deutsche Presse machten aus diesem Ereignis eine Propagandaschlacht ohnegleichen. Im „Hamburger Tageplatt" war zu lesen: „Major Dahl und seine Sturmgruppe. Terror-Pulks bis zum letzten Flugzeug vernichtet." Dahl war weit ab von diesem Geschehen machte aber auch in seinem nach dem Krieg erschienen „Buch" „Rammjäger" nicht den kleinsten Versuch die Sache richtig zu stellen. Die berühmten fremden Federn gefielen ihm gar zu gut. Hauptmann Moritz nahm es gelassen. Während Dahl nach dem Krieg immer noch zu den ewig Gestrigen gehörte und im rechten Spektrum sehr aktiv war, wanderte Haupt-

mann Moritz nach Kanada aus, wo sich seine Spur in den 90er Jahren verliert. Er hatte über 500 Kampfeinsätze geflogen und wurde am 5. Dezember 1944 wegen totaler mentaler und physischer Erschöpfung (heute würde man es burn out nennen) von der Front genommen, zu der er jedoch kurz vor Kriegsende im April 1945 zurückkehrte. Im Jahr 2010 soll er verstorben sein. Am 27. September 1944 war es seine Gruppe, die in Nazza als erste durch die Bomberformation flog und Heinz Papenberg führte an diesem Tag einen „klassischen Sturmgruppen Angriff" durch.

Über dem Tal der Werra war die Hölle los. Amerikanische Bomber und deutsche Jäger bekämpften sich auf das heftigste. Das Abwehrfeuer der Bomber „produzierte" eine Menge Material, was zu Boden stürzte. Wegen der geschlossenen Wolkendecke konnten die Menschen am Boden nur Blitz und Donner durch die Wolken wahrnehmen. Die Furcht war groß und sie rannten von den Feldern um irgendwo Schutz zu suchen. Das gelang nicht immer und so gab es auch unter den Zivilisten erste Opfer. Der damals noch kleine Günter Siegmund, heute wohnhaft in Herda, wird diesen 27. September 1944, an dem er beinah gestorben wäre, nie vergessen. Er hat seine Erlebnisse von jenem Tag aufgeschrieben und niemand kann besser erzählen was damals geschah als er selber. Er hielt sich am „Eckweg" auf. Direkt über ihm tobte der Luftkampf, der die B-24 von Lt. Seeds und die B-24 „Jane" von Lt. Walthers zum Absturz brachte. Hier sein Bericht:

„Herbst 1944

Mehrere Bauern aus Lauchröden fuhren mit ihren Kuhgespannen und dazugehörigem Gerät zur Kartoffelernte „Auf den Eckweg", etwas außerhalb unseres Ortes. Ich, 6 Jahre alt, durfte mit einem Bauern auf dessen Kuhgespann mitfahren. Gegen Mittag dröhnten über uns Flugzeuge (Deutsche und Amerikaner) und lieferten sich heftige Kämpfe. Als diese begannen, flüchteten wir, ungefähr 6 Personen, unter einen Eichenbaum. Für mich, als damals 6 jährigen, war dieses Geschehen grauenvoll. In diesem Moment wußte ich noch nicht, dass ich selbst Opfer dieses Luftkampfes werden würde. Ca. 50 Meter von unserem Unterstand entfernt war ein kleines Wäldchen. Als der Luftkampf an Heftigkeit zunahm, versuchten wir den Wald zu erreichen und liefen los. Kurz vor dem Wald wurden wir beschossen von wem auch immer. Ein Bauer hatte einen Oberschenkelschuß abbekommen. Ich flog über einen Kartoffelstrohhaufen. Mehrere Granatsplitter hatten mich an Kopf, Hals, Bauch, Armen und Finger getroffen. Ich blutete heftig und der Bauer Horst Semisch, heute noch der einzige lebende Zeuge dieses Geschehens, fuhr mich zur Not-

versorgung mit dem Kuhwagen nach Hause. Nach Erzählungen lagen auf dem Heimweg Flugzeugteile und Leichenteile von abgeschossenen Flugzeugen. Meine Mutter, alleine zu Hause, Ehemann und zwei Söhne waren im Krieg, konnte dieses Unglück kaum fassen. Unser Doktor aus Herleshausen wurde geholt. Ich kam auf den Stubentisch im Wohnzimmer und so wurde mein Bauch zusammen geflickt. Danach erfolgte eine monatelange Behandlung, die ich nur auf dem Rücken liegend, schmerzhaft erdulden mußte. In meinem Hals steckte ein Splitter. Wahrscheinlich hat mir mein Wollschal das Leben gerettet, sonst hätte der Splitter die Schlagader durchtrennt. Er steckte so tief, dass er erst viel später nach mehreren Krankenhausaufenthalten dort entfernt werden konnte. Meine noch heute ersichtlichen Narben erinnern mich noch heute an diese Zeit des Schreckens."

Herda, den 16.03.2012 (Günter Siegmund)

Mit seinen Schmerzen und qualvollem Erleben dieser 6 Minuten am 27. September 1944 um 11:00 Uhr war Günter Siegmund aber keineswegs allein. Viele junge Flieger beider Seiten durchlebten ähnlich Schreckliches und 118 junge Amerikaner sowie 19 junge Deutsche überlebten diese Minuten nicht. Sie waren alle um die zwanzig Jahre alt als ihr Leben zu Ende ging. Wofür?

Im Tal der Werra

Die Luftschlacht vom 27. September 1944 über Thüringen und Hessen – Teil 6

Nicht nur bei Günter Siegmund verbreiteten die über ihnen stattfindenden Ereignisse Angst und Schrecken. Viele Menschen auf den Feldern wurden Zeugen des Geschehens. Sie konnten anfangs nur Lichtblitze und Lärm durch die geschlossene Wolkendecke wahrnehmen. Auch waren die Befindlichkeiten sehr verschieden, was wohl darauf zurück zuführen war, was die Menschen in diesem und von diesem Krieg mitbekommen oder erlebt hatten. Das Spektrum der Gefühle reichte von Angst bis zu ungläubiger Faszination. Ein weiterer Zeitzeuge, Herr Wolf-Dieter Mische aus Bremen, der damals noch ein Kind war, gewann dem furchtbaren Geschehen in den Wolken größtes Interesse ab, ohne sich über die Gefährlichkeit der Situation bewusst zu sein – das Privileg der kindlichen Neugierde! Als sich die Kämpfe auch unterhalb der Wolkendecke fortsetzten, wurde er Zeuge des folgenden Geschehens.

„Ich weiß nicht, wann ich als etwas ganz Besonderes eine mit großer Geschwindigkeit aus Richtung Eisenach kommende Me-109 sah, die, wie mir schien, viel zu niedrig, im Abstand von vielleicht dreihundert Metern parallel zur Eisenbahnstrecke nach Westen flog. Ich war überzeugt, sie würde es so nicht über die Linden der Lauchröder Allee schaffen.
Viel schlimmer aber: Die Maschine zog einen langen Feuerstreif hinter sich her, keinen Rauch. ...
Sie kam über die Bäume hinweg, ich weiß nicht mehr, ob ich den Absturz hörte oder doch nur davon; ...“.

Wovon Herr Mische damals Zeuge wurde waren die Kämpfe zwischen dem JG 300 und den inzwischen eingetroffenen P-51 „Mustang“ der amerikanischen 4th und 361st FG. Das JG 300 war jetzt in ernsten Schwierigkeiten, da sie nicht davon ausgegangen waren auf amerikanische Jäger zu treffen, die jetzt das Überraschungsmoment auf ihrer Seite hatten. Sie verloren an diesem Tag in dem Gebiet Herleshausen, Willershausen und Neustädt drei Me-109 in schneller Folge.
Lt. George C. Smith, 336th FS, 4th FG und Lt. Robert J. Bain, 376 FS, 361 FG beanspruchten jeweils einen Abschuss einer Me-109 im Raum Eisenach.

Robert J. Bain von der 361 Fighter Group gibt in seinem ENCOUNTER REPORT folgende Aussage zu Protokoll: Um 10:15 Uhr war ich Führer des Yellow Flight der 361 FG und machte in der Gegend von Eisenach Jagd auf sechs FW-190 in etwa 10.000 Fuß (um die 3.000 Meter) Höhe. Als ich das erste Mal anflog beobachtete ich Treffer im Rumpf und Heck der mir am nächsten fliegenden FW-190. Dann kam eine ME-109 und ich konnte Einschläge in ihrem rechten Flügel sehen. Anschließend verfolgte ich noch eine FW-190, die sehr tief in Bodennähe flog und konnte auch bei dieser Maschine Treffer im Rumpf, Flügel und Heck ausmachen. Ich beanspruche den Abschuss von zwei FW-190 und einer Me-109.

Die von Bain beobachtete Trefferlage verhieß nichts Gutes, weil dort sehr sensitive Teile der Me-109 installiert waren, wie der Hauptkraftstoffbehälter unter und hinter dem Pilotensitz im Bereich des Flügelkastens sowie die Kühler in den Flügelwurzeln. Treffer oder Ausfall auch nur einer dieser Komponenten hatten meist schwerwiegende Folgen, wenn nicht gar die sofortige Explosion des Flugzeuges eintrat. Der Ausbruch eines Feuers an Bord des Jägers war mehr als nur möglich, er war höchst wahrscheinlich.
Ein Freund, Klaus Wagner, leidenschaftlicher Pilzsammler zeigte mir 2012 in einem seiner „streng geheimen“ Pilzgebiete die Absturzstelle eines Flugzeuges bei Neustädt. Es handelte sich um eine Me-109.

Flügelteil der Me-109 von Neustädt. Sammlung Hälbig

Es war die Me-109, „Rote 12“, 2./JG 300 von Ofw. Heinz Weuack, geboren am 19.10.1914.

Ofw. Weuack.
Walter Hassenpflug

Gefallen bei Neustädt am 27.09.1944. Er wurde nicht weit entfernt von seinem Flugzeug tot auf einem Waldweg gefunden. Er war zu niedrig als er ausstieg und sein Fallschirm hatte sich nicht mehr geöffnet. Herr Mische war Zeuge dieses Absturzes. Heinz Weuack liegt heute auf dem Friedhof in Frankfurt am Main, wo auch sein Sohn lebt. Eine Gelegenheit sich kennenzulernen war beiden nicht vergönnt. Er hatte immerhin das „Glück“, wenigstens 30 Jahre alt zu werden, ein beträchtliches Alter für einen deutschen Kampfflieger im Zweiten Weltkrieg. Am 24. August 1944 hatte er in Moravia einen Luft Sieg über eine B-24 errungen.

Einen weiteren Abschuss einer Me-109 beansprucht Lt. George C. Smith von der 336. Fighter Squadron für sich. Sein PILOT’S COMBAT REPORT enthält folgende Informationen:

HEADQUARTERS
FOURTH FIGHTER GROUP
APO 558U S ARMY

Combat (Luftkampf)
27. September 1944 (Datum)
336 Fighter Squadron (Einheit)
10:30 HOURS (Uhrzeit)
20 MILES SOUTH of KASSEL (Ort: 20 Meilen südlich von Kassel)
9/10 at 6,000 FEET (Meteorologische Bedingungen 9/10 bewölkt in 2.000 Meter)
Fw 190 and Me-109 (Gegner Fw 190 und Me-109)
1 FW 190 and 1 Me-109 Destroyed (Ergebnis 1x 190 und 1x 109 zerstört)
Narrative: (Bericht)

Ich flog Becky Blue Leader als Becky Leader über Funk meldete, das die Bomber angegriffen wurden. Wir warfen unsere Zusatztanks ab und rasten in

Richtung der BANDITS (Bezeichnung für Feindflugzeuge). Ich machte sofort eine 109 aus die sich auf einen Bomber stürzte. Ich gab einige kurze Feuerstöße ab und sah, wie bei dem Hunnen (der Begriff „Hunnen“ angewandt auf die Deutschen hat seinen Ursprung in der britischen Kriegspropaganda des Ersten Weltkrieges und ist auf eine Rede von Wilhelm II., die sogenannte „Hunnenrede“ zurückzuführen, mit der dieser ein Expeditionskorps zur Niederschlagung des Boxeraufstandes im Kaiserreich China verabschiedete) sich Teile des Leitwerks und andere Baugruppen vom e/a (enemy aircraft – Feindflugzeug) lösten. Das Flugzeug rollte auf den Rücken und begann nach unten zu gleiten. Dann änderte ich meinen Kurs als ich vier Feindflugzeuge bemerkte, die auf meinen Flügelmann und meine Nummer 1 zurasten. Ich brach nach rechts aus und sah die 109, die nun brannte und rauchte in einem Spiralflug nach unten stürzte. Auch bemerkte ich den Fallschirm eines Hunnen über dem Flugzeug. Ob es der Pilot dieser Maschine war kann ich nicht mit Bestimmtheit sagen. ...

Da in der Gegend von Herleshausen außer Heinz Weuack nur zwei weitere Me-109 in die Kämpfe verwickelt waren, kommen dafür einzig Ltn. Karlheinz Kühborth und Ofhr. Heinz Keim in Frage.

Karlheinz Küborth. Sammlung Hälbig

Kühborth, am 19.05.1922 geboren, gehörte zur I./ JG 300, 2. Staffel. Er flog an diesem Tag eine Me-109, G-14 /AS, „Rote 8“, Fabriknummer 782426. Er erhielt Treffer und musste sein Flugzeug verlassen. Der Fallschirmabsprung gelang ihm auch noch. Trotzdem war der 27. September 1944, der letzte Tag in seinem Leben. Er landete am Ortsrand von Willershausen und war im Begriff sich von seinem Fallschirm zu befreien, als zwei „Mustangs“ heranrasten und aus allen Rohren schossen. Zeit um Deckung zu suchen blieb ihm nicht und so starb er im Geschosshagel der P-51 Jäger.

Heinz Keim. Sammlung Hälbig

Heinz Keim, geboren am 7.7.1924, gehörte zur I./ JG 300, 3. Staffel.
Er flog die Me-109, G-14 /AS, „Gelbe 6“. Die Informationen über diese Ereignisse sind sehr rar. Fest steht, dass Heinz Keim erst Tage später tot auf einem Feld in der Nähe des Siegelshof bei Herleshausen gefunden wurde. Ob sich der Fallschirm nicht geöffnet hat oder er, was seine Witwe behauptet, am Schirm erschossen wurde, bleibt spekulativ. Ebenso die Absturzstellen der beiden Me-109. In der fast unwahrscheinlichen Hoffnung doch noch Zeitzeugen dieser Kämpfe zu finden sollen trotzdem die fragmentarischen Informationen aufgeführt werden, die bekannt geworden sind.

Der Erlebnisbericht von Herrn Mische bietet hier noch einen Hinweis:
„Nur kurz nach dem Absturz war ein neuer Schüler in unserer zweiten Volksschulklasse erschienen, zurückhaltend und schweigsam, es hieß, er sei der Sohn des toten Piloten, seine Mutter und er seien nur für eine ganz kurze Zeit aus Kassel gekommen. Tatsächlich war er bald wieder weg.
Wie schon erzählt, bewunderte ich heimlich den Jungen ..., sein Vater war also ein Held, von denen war immer die Rede.
Was das wirklich bedeutete, etwa im Hinblick auf die familiäre Situation, die Zukunft war mir nicht bewusst, ich kam gar nicht auf den Gedanken, darüber nachzudenken.
Wehrfähige Männer waren eben nicht zu Hause, sondern im Krieg, Mütter führten grundsätzlich den Haushalt, rüstige Großeltern und freundliche Erwachsene ersetzten in Wort und Tat die abwesenden Väter und Onkels. Das war bei mir nicht anders: Unser Hausbesitzer, verheiratet, kinderlos, Reichsbahnbeamter, brachte mir alles bei, was es im Stall, im Garten, auf dem Feld zu tun, auf Wiesen und im Wald zu suchen gab.
Ich erinnere mich deutlich daran, daß es eines Tages hieß, der Sohn des Lehrers Messerschmidt sei als Jagdflieger im Westen gefallen, der Vater meines Klassenkameraden Karl Meister im Osten. Mir war aber nicht etwa bange wegen meines Vaters, im Osten‘ ...“
Die Erinnerung an dieses Ereignis *könnte* mit dem Tod von Heinz Keim zu tun haben. Der zeitliche Rahmen passt. Offensichtlich waren Mutter und Kind

nur aus dem Grund nach Herleshausen gekommen um *Formalitäten* zu klären. Die Absturzstellen: Im Reich der Vermutungen! Zeitzeugen berichten über ein deutsches Flugzeug das lange Zeit am Fuldaischen Berg gelegen haben soll. Einige sind sich ganz sicher, es sei eine 109 gewesen. Kleinere Alu Teile sind noch vorhanden. Me-109-1 auf der Karte. Tiroler Platte bei Neuenhof, Me-109-2. Die Trümmerteile belegen zwar eine 109, aber wer und wann, bleibt im Dunkeln.

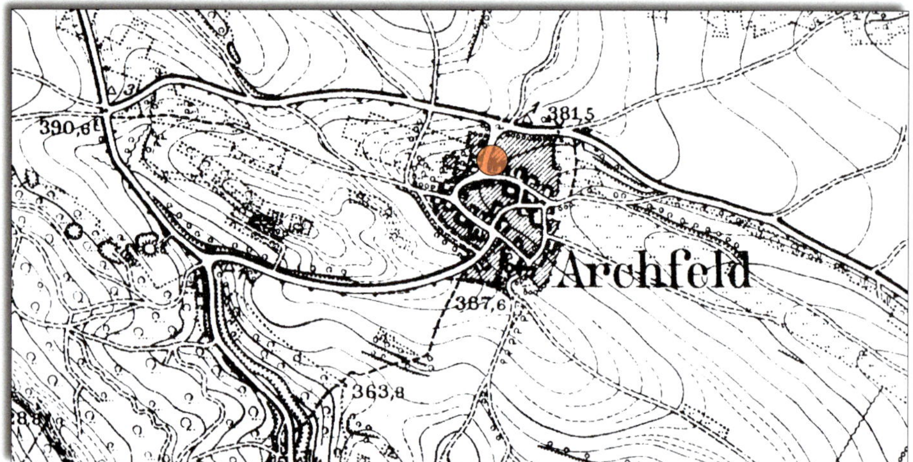

Kühborth und Keim Absturzstellen. Messtischblatt 2862/4926, Herleshausen, Herausgegeben von der Preußischen Landesaufnahme 1909–1934

Me-109-3 am Kielforst. Soll noch ziemlich in Takt gewesen sein und lag noch längere Zeit dort. Absturz einer Me-109-4 nahe des Bahnhofs von Herleshausen. War es eine 109 oder die Fw 190, „Weiße 5“ von Uffz. Friedrich Alten, vom JG 300, der am 11.09.1944 von drei „Mustangs“ gejagt und bei Herleshausen abgeschossen wurde?

Boschbauteil Tiroler Platte. Sammlung Hälbig

Flügeltteil Me-109, Tiroler Platte. Sammlung Hälbig

Teil des Ölkühlers, Me-109, Tiroler Platte. Sammlung Hälbig

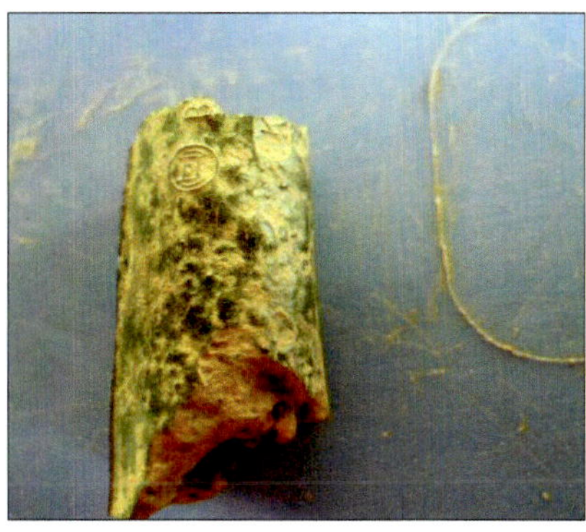

Weiteres Bauteil von Bosch, Tiroler Platte. Sammlung Hälbig

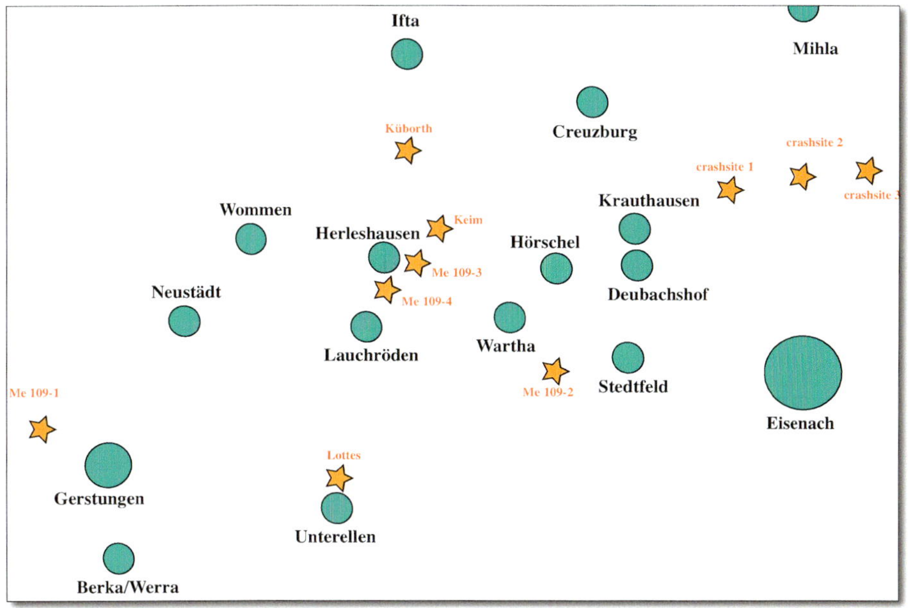

Me-109 Absturzorte. Grafik Harald Rockstuhl

Vielleicht hat jemand beim Lesen dieser Zeilen eine Erinnerung, die weiterhelfen könnte, diese Fälle doch noch aufzuklären.

Nicht weit entfernt, zur gleichen Zeit machte sich der Tod wieder bereit zur „Ernte“. Obgefr. Heinz Papenberg, geboren am 30.07.1920 flog in der II./ JG 4, 6. Sturm in seiner FW-190 A8 / R2, Fabriknummer 681288, „Schwarze 13“. Er machte Jagd auf eine B-24. Er kam näher und näher. Als das Visier ihm anzeigte, dass er in einer guten Schussposition war drückte er auf den

Abzug seiner Bordwaffen und ... es geschah nichts! Offensichtlich hatte er eine Ladehemmung. Er dachte an das Versprechen, dass die Piloten der Sturmgruppen abgegeben hatten, einen Bomber auf jeden Fall zum Absturz zu bringen und wenn es durch das Rammen mit dem eigenen Flugzeug durchgeführt werden musste. Aus seinen Erinnerungen schildert Heinz Papenberg die Erlebnisse dieses Tages. Frei aus dem Englischen:
„Es war sehr ungewöhnlich, so viele Bomber ohne Begleitschutz anzutreffen. Sie wirkten wie „sitzende Enten“... diese dicken Autos waren sehr verwundbar.
Beim Anflug auf mein Ziel lud ich die Bordkanonen durch und betätigte den Abzug. Als nichts geschah dachte ich an das Versprechen, das die Sturmgruppen abgegeben hatten und entschloss mich es zu tun. Bis heute sehe ich das entsetzte Gesicht des Heckschützen vor meinen Augen. ... Mein linker Flügel durchtrennte das Ruder der B-24. ... Aber auch mein Flügel wurde so stark beschädigt, dass ich die Maschine nicht länger in der Luft halten konnte und sie begann zu stürzen. Für einen Moment hatte ich mit dem Leben abgeschlossen und dachte, das war es. Jetzt wirst Du sterben. Meine Kiste war komplett außer Kontrolle. Ich warf das Cockpit Dach ab und wurde augenblicklich durch den Luftsog nach draußen gezogen.“
Papenberg krachte beim Absprung gegen das Heck der eigenen Maschine, brach sich die Beine und verlor das Bewusstsein. Er war jetzt ohne es zu bemerken im freien Fall und stürzte Richtung Erde. Sein Bewusstsein kam wieder als er noch immer im freien Fall, nur wenige hundert Fuß von der Erde entfernt war. Der Fallschirm öffnete sich aber er weiß bis heute nicht wie. Die Erinnerung daran ging verloren. Als er auf dem Boden mit seinen gebrochenen Beinen aufschlug war der Schmerz so groß und qualvoll, dass er für einen Augenblick darüber nachdachte sich eine Kugel in den Kopf zu schießen. Französische Zwangsarbeiter fanden ihn und brachten ihn ins naheliegende Dorf. Das war Sallmannshausen heute ein Ortsteil von Gerstungen. Dort wurde er von einer Familie erstversorgt. Die gibt es heute noch, ebenso das Sofa, auf dem er gelegen hat. Für Heinz war der Krieg vorbei, für die Flieger seines Opfers noch nicht. Er lebte bis zu seinem Tode in Mannheim.

Die Bilder zeigen welche Folgen und Beschädigungen ein solcher Rammstoß haben konnte. Zu sehen ist die B-24 „Bonnie Vee“, benannt nach der Frau des Piloten William Bruce Vyrlin. Es ist das gleiche Flugzeug, das Papenberg durch Rammen am 27.09.1944 zum Absturz gebracht hatte. Nach einem Einsatz am 14. September 1944 nach Fisme, Frankreich, hatte es bereits ähnliche Schäden erlitten, durch Flak Treffer und wäre beinahe schon an diesem Tag

Bonnie Vee mit Luftkampfschäden. Kassel Mission Historical Society

verloren gegangen. Die Story dieses Tages ist fast unglaublich – aber wahr!! Ein Dokument der US ARMY beschreibt, wie der Co-Pilot Lt. William R. Brown trotz schwerster Verwundung das Flugzeug und die Kameraden am 14. September 1944 vor dem Schlimmsten bewahrte. Frei übersetzt: Lt. Brown flog als Co-Pilot in einer „Liberator“ als eine Flak Granate das Cockpit traf, die zwar nicht explodierte aber sein

linkes Bein unterhalb des Knies fast abtrennte und auch einige Instrumente zerstörte. Das Bein hing nur noch an einigen Fetzen Haut und Sehnen. Als er das Blut austreten sah nahm er mit seiner rechten Hand die Arterie zwischen Daumen und Zeigefinger und drückte sie ab. Er informierte die Crew und bat Ruhe zu bewahren. Dann erfüllte er weiter seine Pflichten als Co-Pilot. Ein Motor war bereits ausgefallen, als sie die Notlandebahn sahen. Brown sagte dem Flugingenieur S/Sgt C. F. Hess er solle die Klappen und das Fahrwerk manuell ausfahren, während er weiter seine Arterie abdrückte. Als sie zur Landung ansetzten sagte Brown zum Piloten: Pass auf deine Landegeschwindigkeit auf. 2nd Lt. Bruce legte eine perfekte Landung hin. Obwohl Brown immer bei Bewusstsein war, erwartete niemand dass er das überleben würde. Doch sein eiserner Wille und reichliche Mengen Blut Plasma ließen ihn die Amputation überleben und er erholte sich wieder völlig. Das brachte ihm den Namen MAN-OF-THE-DIVISION Mann der Division ein.
Doch am 27. September hatte die B-24 „Bonnie Vee" schon mehrere Treffer abbekommen. Es gab zunächst kleine Brände, die sich aber rasch ausbreiteten und schließlich in einer Explosion endeten. Papenberg hatte durch seinen Angriff auch Schäden am Flügel verursacht in dem die Treibstofftanks untergebracht waren. Der Flieger, dessen Gesicht gezeichnet von Angst und Entsetzen, Heinz Papenberg bei seinem Rammangriff im Heck der B-24 gesehen

42-95128, „Bonnie Vee". Kassel Mission Historical Society

hatte war S/Sgt Glenn H. Shaffer, aus Pennsylvania. Er gehörte zur Mannschaft von 2nd Lt. William S. Bruce. Die „Bonnie Vee" war eine B-24 H mit der Seriennummer 42-95128, auf dem Foto klar zu erkennen. Es ist das einzige Bild der kompletten Mannschaft. Allerdings ist die Reihenfolge auf dem Foto nicht gesichert. An Bord waren an jenem 27. September 1944 neben dem Piloten William Bruce, 1st Lt. John P. Willet, Co-Pilot; 2nd Lt. Daniel E. Abraham, Navigator; 2nd Lt. Daniel H. Appleton, Bombardier; T/Sgt Calvin F. Hess, Top Turret Gunner; T/Sgt Peter Pogovich, Radio Operator; S/Sgt Fred A. Paulus, Waist Gunner; S/Sgt William J. Fleming, Waist Gunner und S/Sgt Glenn H. Shaffer, Tail Gunner. Lt. Bruce schildert George Collar bei einem Treffen in Guilford, Conn. der Heimatstadt von Bruce, wie er diese Ereignisse in Erinnerung hat. Frei übersetzt: Wir sahen Flugzeuge die wie unsere P-51 aussahen, die wir den ganzen Morgen schon nicht gesehen hatten. Es waren unglaublich viele Maschinen und viel zu spät erkannten wir das da deutsche Me-109 auf uns zukamen. In großen Gruppen saßen sie hinter uns und unter uns und schossen uns in Stücke. Sie hatten die Fahrwerke ausgefahren, blieben im Formationsflug und beharkten uns unablässig mit ihren 20 mm Bordkanonen. Es war für uns eine hoffnungslose Situation. Da waren einfach zu viele feindliche Jäger um uns herum. Ich sah mindestens sieben Flugzeuge abstürzen – vier von unseren Bombern und der Rest waren deutsche Maschinen. Unsere Jäger waren nicht zu sehen und ich konnte nicht verstehen, wo zum Teufel sie blieben. Ich bat meinen Co-Piloten Lt. Willet mir beim Öffnen meiner Sitzgurte zu helfen. Gerade als er aufstand wurden wir von deutschen 20 mm Geschossen getroffen, die ihn in zwei Hälften teilten. Jetzt wurde mir bewusst dass das unser Ende war. Der rechte Flügel wurde von einem deutschen Jäger gerammt. Danach explodierte der linke Flügel so dass nur der Rumpf übrig blieb. Wir waren noch in 6.300 Meter Höhe als vermutlich das gesamte Flugzeug zerbrach. Als ich wieder zu mir kam hatte ich unglaubliche Schmerzen und der Fallschirm hatte sich noch nicht geöffnet. Ich war total verwirrt und über und über mit Blut beschmiert. Nach dem, was mir wie eine Ewigkeit vorkam, ich ein Feld mit einem Bauern hinter einem Pflug sah öffnete ich den Fallschirm und landete sehr unsanft in einem hohen Baum. (Im KU 3035 steht das Lt. Bruce bei Bebra gefangen genommen wurde). Etwas weiter zu meiner linken konnte ich mein Flugzeug,

John Willett. Kassel Mission Historical Society

oder das was davon übrig war sehen, wie es in einen Wald stürzte und einen heftigen Waldbrand entfachte. (Anmerkung: Was Lt. Bruce abstürzen sah war nicht sein Flugzeug. Eventuell hat er beobachten können, wie die Führungsmaschine von Lt. Chilton zerbrach und bei Friedlos im Wald zerschellte oder aber er sah die Maschine von Lt. Mowat bei Höhnebach. KU 3096 belegt einen Waldbrand nach einem Flugzeugabsturz. Beide waren in etwa gleich weit – 8 Km von seinem Landepunkt entfernt.) 10 Stunden lang war ich durch den Wald und an einer Steinmauer entlang gekrochen um ein Haus zu finden. Ich konnte einfach nicht aufstehen und litt unter furchtbaren Schmerzen. Schließlich kroch ich an einem Zaun entlang und sah dahinter ein Bauernhaus. Ein Mann und zwei Frauen kamen heraus und trugen mich in das Haus. Sie wuschen mein Gesicht und versuchten mir etwas Milch zu geben. Aber ich konnte nicht schlucken. Ein etwa 12jähriger Knabe kam herein mit einem Kleinkaliber Gewehr. Sein Großvater schlug es ihm aus der Hand und der kleine Scheißer rannte aus dem Haus. Er kam mit einigen Soldaten zurück ... . Ihre Furcht vor mir war unbegreiflich. Sie richteten ihre Waffen auf mich und schrien laut irgendetwas. Dabei lag ich auf dem Rücken unfähig mich auch nur ein bisschen zu bewegen. Schließlich kam ein Offizier und stellte die üblichen Fragen: Welche Bombergruppe? Welcher Flugzeugtyp? usw. Ich sagte ihm meinen Namen, Rang und Seriennummer, wie wir es gelernt hatten und sonst nichts weiter. Ein weiterer Offizier kam herein und man brachte mich, zu einem offenen Pferdewagen. Damit fuhren sie mich durch das Dorf das offensichtlich vollzählig anwesend war. Sie spuckten auf mich warfen Steine und Stöcke nach mir. Als der Offizier den Ruhm mich gefangen zu haben genügend genossen hatte wurde ich in einer Scheune eingesperrt. Am nächsten Morgen trat ich mit vier Soldaten die Reise nach Frankfurt zur weiteren Befragung an. Zu dieser Zeit war ich beinahe gelähmt und mein Körper über und über schwarz und blau gefärbt. Nach der Befragung wurde ich nach Obermassfeld in ein Lazarett verlegt. Dort untersuchte mich ein Arzt der mir anschließend sagte, dass meine Hüfte gebrochen sei, ebenso meine rechte Schulter und ich nie wieder gehen beziehungsweise meinen rechten Arm bewegen könnte. Später erfuhr ich in den Staaten, dass auch meine Wirbelsäule gebrochen war. Nach einem weiteren Aufenthalt im Krankenhaus in Meiningen wurde ich am 21. Dezember ins Kriegsgefangenlager nach Sagan gebracht. Dort blieb ich nur bis zum 27. Januar 1945. An diesem Tag mussten wir den langen Marsch nach Nürnberg antreten das wir am 11. Februar erreichten. Dort traf ich einige meiner alten Fliegerkameraden, die mir erzählten, was mit uns am 27. September 44 geschehen war. Wir hatten 25 von 37 Flugzeugen verloren. Der größte Verlust in einer einzigen Mission während des ganzen Krieges. Am 4. April 1945 wurden wir noch einmal verlegt in das

Lager Moosburg. Auf dem Weg dorthin starben noch einige von unseren Kameraden durch friendly fire – eigenen Beschuss. Unsere Jägerpiloten wussten nicht dass wir Kriegsgefangene waren, sondern hielten uns für deutsche Einheiten auf dem Rückzug. Das war ein sehr trauriges Ereignis. Die Deutschen in Moosburg waren freundlich. Sie wussten dass der Krieg verloren war. Auch sahen sie genauso miserabel und hungrig aus wie wir. Was wir hinter uns hatten stand ihnen nun bevor. Unser GROSSER TAG war der 29. April 1945. Die 14th Armored Div. von Pattens 3. USArmy befreite uns und wir wurden nach Camp Lucky Strike in Frankreich ausgeflogen. Nach einer Erholungspause kamen wir per Schiff nach New York, wo ich erfuhr, dass ich Vater eines kleinen Mädchens geworden war.

Lt. Bruce und sein Funker T/Sgt Peter Pogovich waren die einzigen überlebenden von „Bonnie Vee". MACR 9397 hält fest, dass Peter Pogovich gegen 11:30 Uhr in der Nähe von Eisenach gefangen genommen wurde. Lt. Bruce erholte sich wieder vollständig von seinen schweren Verletzungen und betrieb bis 1989 einen kleinen Handwerksbetrieb. Am 17. Oktober 1989 verstarb er mit 68 Jahren an einem Herzinfarkt und hinterließ seine Frau Vyrlin, einen Sohn und eine Tochter. Die Toten der Crew waren zunächst in Richelsdorf beigesetzt und wurden nach dem Krieg nach Lorrain oder in die USA umgebettet.

Bruce und Familie.
Kassel Mission Historical Society

Peter Pogovich.
Kassel Mission Historical Society

1. Nachtrag: Durch die freundliche Unterstützung von Herrn Ronald Soika konnte inzwischen die Identität der Bf 109 von der Tiroler Platte geklärt werden. Es handelt sich hierbei um die Maschine des Gefr. Karl Maurer, * 08.03.23 Sobernheim. Gefallen in der Bf 109 G-14; 781 291 „Blaue 1", JG 76; am 11.09.1944 nordwestlich Eisenach, Luftkampf.

2. Nachtrag: Im Totenbuch der Evangelischen Kirchgemeinde von Herleshausen befindet sich im 2. Band, auf Seite 198, laufende Nummer 983 tatsächlich ein Eintrag, der über den deutschen Piloten Heinz Keim weitere Informationen enthält.

Gefallen auf dem Felde der Ehre
Name und Stand des Verstorbenen: Oberfähnrich Heinrich Keim, Sohn des Landwirts Heinrich Keim u. s. Ehefrau
Ort und Zeit seiner Geburt: Schlierbach Kr. Fritzlar, 7. Juli 1924
Tag des Todes: 11. September 1944 in der Nähe des Siegelhofes abgestürzt und erst später gefunden
Tag der Beerdigung: 20. Oktober 1944, 12 Uhr
Text: Hiob 1,21

Pfarrer Führer

Der Vorname stimmt zwar nicht – er lautet Heinz, ebenso das Sterbedatum – es war der 27. September 1944. Vielen Dank lieber Helmut Schmidt und lieber Martin von Frommannshausen für Eure Unterstützung und Hilfe bei der Klärung dieses Falles !!!

MIA, MISSING IN ACTION – Im Kampf vermisst

Die Luftschlacht vom 27. September 1944 über Thüringen und Hessen – Teil 7

Etwa 700 Meter Luftlinie vom Absturzort der „Bonnie Vee“ auf einem Feld oberhalb von Richelsdorf stürzte eine weitere B-24 in den Wald. Es war die B-24 H, Serial Nummer 42-95078, 700 Bomb Squadron, 445th Bomb Group von 2nd Lt. Robert N. Hansen und der Mannschaft: 2nd Lt. Herbert C. Bridges, Jr. Co-Pilot; 2nd Lt. Porter M. Pile, Navigator; 2nd Lt. John C. Woodley, Bombardier; T/Sgt Charles C. Palmer, Jr. Top Turret Gun; T/Sgt James M. Triplett, Radio Operator; S/Sgt Elwyn J. Hornsby, Waist Gunner; S/Sgt S.E. Howell, Jr., Waist Gunner und S/Sgt Ralph M. Bode, Tail Gunner.

Ihre Geschichte ist bis heute mit unserer Heimat verbunden und wird es vermutlich auch bleiben. Fünf von ihnen gelten als vermisst und obwohl 2015

Hansen Crew. Kassel Mission Historical Society

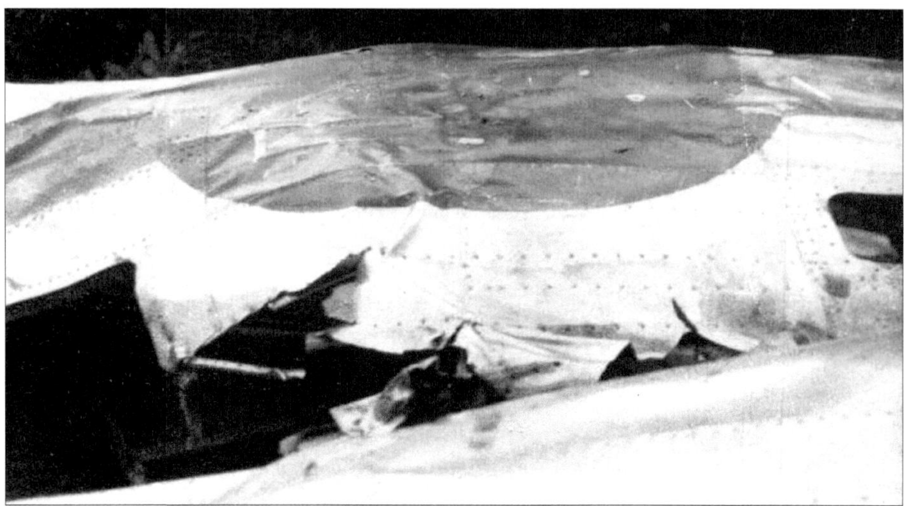

Größeres Bruchstück, Richelsdorf. Kassel Mission Historical Society

wieder ein Suchteam von JPAC aktiv werden wird, sind die Chancen sie zu finden nicht gerade groß. Das Flugzeug zerbrach bereits kurz vor dem eigentlichen Aufprall im Wald und erzeugte ein riesiges Trümmerfeld. Flugzeug Material und menschliche Überreste lagen weit verstreut durcheinander.

Die Suche begann bereits in den 50er Jahren. Die umfangreichen erhaltenen Dokumente zeigen ein Stück Alltag im geteilten Deutschland als die Grenze zwar schon abgesichert und kontrolliert wurde, aber noch nicht komplett geschlossen war. Nachfolgend soll der Versuch gemacht werden eine Chronologie der Suche nach den fünf vermissten Besatzungsmitgliedern der Hansen Crew zu erstellen. Ein Dokument vom 10. Juni 1949 ein sogenanntes MEMORANDOM FOR RECORDS befasst sich mit den Umständen, die zum Verschwinden von fünf Besatzungsmitgliedern von „Liberator" B-24, 42-95078 führten. Die Dokumenten Nummer WLN/mat/1B735/10956 ist im IDPF von Ralph H. Bode einzusehen. Frei aus dem Englischen:

Betreff: Untersuchung der Umstände die zum Verschwinden der nachfolgenden Personen führten, vermutlich KIA (Killed in Action – im Kampf gefallen)

Die folgenden namentlich genannten Personen des Army Air Corps, der 700 BS, 445th BG wurden nach einem Einsatz am 27.09.1944 über Deutschland als vermisst gemeldet und am 28. September 1945 vorbehaltlich Section 5, Missing Persons Act (Regelung über vermisste Personen) für tot erklärt. (SR&D Case No. 4143 – Registrierungsnummer 4143.)

Hansen, Robert N. 2nd Lt. 0700609
Pile, Porter M. 2nd Lt. 0719140
Palmer, Charles C., Jr.TSgt 19083921
Triplett, James M.TSgt 39202130
Bode, Ralph H. SSgt 16117549

Der Missing Air Crew Report Nr. 9396, vom 30. September 1944 beschreibt die oben genannten Personen und weitere vier als die Mannschaft der B-24, Serien Nummer 42-95078, die am 27. September 1944 von Tibenham, England startete um an einer Bombardierung von Kassel, Deutschland teilzunehmen. Letztmalig wurde sie im Raum Bad Hersfeld gegen 10:01 Uhr gesehen. Verlust durch feindliche Jäger. Wetterbedingungen komplett bewölkt.

Der Status der vier verbliebenen Mannschaftsmitglieder auf die sich dieser Bericht nicht bezieht ist:

Bridges, Herbert C. Jr.2nd Lt. 0768429 POW Kriegsgefangener
Woodley, John C. 2nd Lt. 0679436 POW Kriegsgefangener
Hornsby, Elwyn J. SSgt 38487741 POW Kriegsgefangener
Howell, S. E., Jr. SSgt 38487753 KIA Gefallen

Wir schicken Ihnen zur Klärung Ihrer Fragen die Akte Nr. AGPC – S 704 (24. July 45). Sie können ihr entnehmen, dass die drei gefangenen Mitglieder der Mannschaft in die Vereinigten Staaten zurückgekehrt sind. Hier gaben sie folgende Erklärungen ab.

Bericht von 2nd Lt. Bridges, vom 26. Juli 1945:
„Nachdem wir unsere Bomben abgeworfen hatten und auf dem Rückweg nach England waren wurden wir von ungefähr 150 deutschen FW-190 Jägern angegriffen. Das Flugzeug wurde schwer beschädigt und im Bombenschacht brach Feuer aus. Das elektrische System war getroffen und somit funktionierte weder das interne Sprechfunksystem noch die Glocke für den Notfall. Navigator Pile wurde am Bein verwundet und weigerte sich abzuspringen als ihn der Bombenschütze dazu aufforderte. Der Bombenschütze, J.C. Woodley sprang ab und hoffte Pile würde ihm folgen. Seitenschütze E. J. Hornsby half dem anderen Seitenschützen S. E. Howell, Jr., der in der unteren linken Brust eine Schussverletzung hatte durch den hinteren Notausgang abzuspringen. Nach seinen Aussagen stand der Heckschütze R. H. Bode ebenfalls am Notausgang fertig zum Absprung. Der Pilot R. N. Hansen saß noch immer am Steuer während Flugingenieur C. C. Palmer und Funker J. M. Triplett an der oberen Fluchttür standen im Zweifel, ob sie wirklich springen sollten. Als ich raus gesprungen war hoffte ich dass sie mir folgen würden. Auf meinem Weg nach unten konnte ich nur zwei weitere Fallschirme erkennen. Vom Flugzeug keine Spur.“

Bericht von 2nd Lt. Woodley, vom 26. Juli 1945:
„Die 445th Bomb Group (H) war allein, durch starken Wind vom Kurs abgekommen. Ein Schwarm von 150-200 FW-190 stürzte sich auf uns. Die Deutschen setzten sich mit ihren Maschinen unter unsere Rümpfe und führte von dort ihre Angriffe aus. Das war wie Picknick für sie da sie wussten dass wir sie dort nicht erwischen konnten. (Anmerkung: Den unteren Geschützturm hatte man seit Mai 1944 für unnötig gehalten und man wollte durch diese Gewichtersparnis mehr Bomben transportieren können). Pile und ich standen zusammen und halfen einander die Fallschirme anzulegen. Ich taumelte plötzlich und fiel aus dem Flugzeug. Ich weiß nicht ob es Lt. Pile ebenso erging, denn ich habe ihn seit dem nicht mehr gesehen. Vom Rest der Mannschaft, die ebenfalls noch als vermisst gelten weiß ich gar nichts. Allerdings traf ich im Gefangenlager einen mir unbekannten Amerikaner der einer Bestattung beiwohnte bei der auch Lt. Hansen beerdigt worden sein soll. Er wusste aber weder Vornamen noch die Serial Nummer."

Bericht von Staff Sergeant Hornsby, vom 31. Juli 1945:
„Ich glaube S/Sgt Ralph H. Bode, Serial Nummer 16117549, an der hinteren Fluchttür gesehen zu haben. Ich habe keine Ahnung ob er gesprungen ist oder nicht. Aber vermutlich war er es, der mir half aus dem Flugzeug heraus zu kommen."

Amerikaner auf dem Gerstunger Friedhof. Kassel Mission Historical Society

Das ist der Wissensstand von 1945 über die Vermissten der B-24 von 2nd Lt. Hansen. Mehr hatte man nicht. Ein erbeutetes deutsches Dokument KU 3159 enthielt die Information das acht Flieger eines „Liberator" Bombers, 44-10511 am 1. Oktober 1944 auf dem Gerstunger Friedhof bestattet wurden, alle namentlich bekannt inklusive der Serien Nummern. Unter ihnen befand sich auch S/Sgt S. E. Howell, Jr. (was nicht zutreffend war. Er wurde in Neustädt beigesetzt.)

Diese Information war indes auch keine „heiße Spur" und machte alles noch komplizierter. 44–10511 war nicht die Maschine von 2nd Lt. Hansen sondern die von Lt. Schaen, der in der „Kohlbach" bei Gerstungen niederging. Im KU 559A, Seite 40 wird erwähnt das man gegen 11:30 Uhr in der Nähe von Eisenach Herbert C. Bridges gefangen genommen hatte. Der gehörte zwar zur Hansen Crew aber die Deutschen konnten ihn weder zu ordnen, noch wussten sie wo seine Maschine abgestürzt war. Eine weitere Untersuchung führte zu folgender Einschätzung durch den U.S. Investigator des MORTUARY SERVICE DETACHMENT, U.S. Army, Hugo A. SCHAEFER:

„Fall 2 – Unerledigte Suchliste, Landkarte Blatt L-51

Hansen, Robert N. 2nd Lt. 0700609
Pile, Porter M. 2nd Lt. 0719140
Palmer, Charles C., Jr.T Sgt 19083921
Triplett, James M.TSgt 39202130
Bode, Ralph H. SSgt 16117549
Begleitumstände: Die oben genannten Verstorbenen waren Besatzungsmitglieder des Flugzeuges 42–95078, welches in der Nähe von Gerstungen (NB-7647), Deutschland, am 27. September 1944 abstürzte.

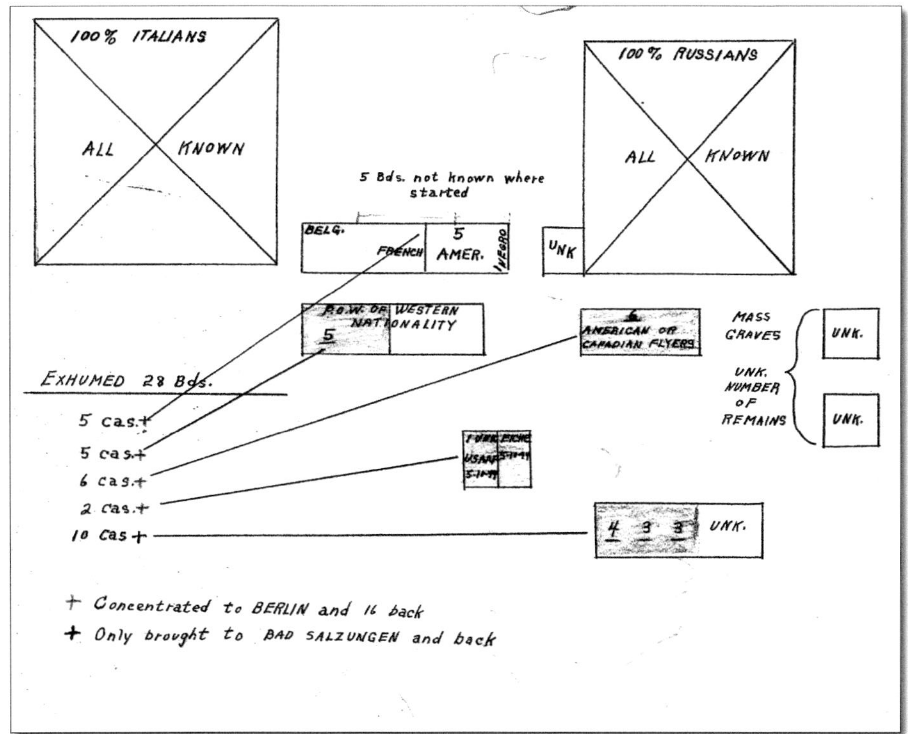

Friedhof Richelsdorf. IDPF Lt. Ische

Ermittlungsergebnisse: Die deutschen „Dulag“-Akten (Dulag – Durchgangslager) melden, dass die oben erwähnten Verstorbenen auf dem Kriegsgefangenen-Friedhof in Gerstungen beigesetzt wurden. Meine Untersuchung ergab, dass kein Kriegsgefangenen-Friedhof sich in Gerstungen befindet. Ein Kriegsgefangenen-Friedhof befindet sich jedoch in Richelsdorfertal-Untersuhl (NB-7537), ungefähr 8 km südlich von Gerstungen, auf dem Grundstück des früheren Kriegsgefangenlagers „Stalag IX – C“ (Stalag – Stammlager). Dieser Friedhof wurde niemals von einem Graves Registration Such-Team untersucht.

Zu unternehmende Schritte: Der Kriegsgefangenen-Friedhof in Richelsdorfertal-Untersuhl ist zu untersuchen um festzustellen, ob die erwähnten Verstorbenen sich dort befinden und um sie gegebenenfalls auszugraben.“

Der Bericht SR-295, ID # 857, vom 20 Oktober 1951 bringt wieder etwas Bewegung in diesen Fall (frei aus dem Englischen):
HEADQUATERS
7887 Graves Registration Detachment
APO 757 (LIEGE) US ARMY (Search and Recovery Unit # 2)

BERICHT UEBER NACHFORSCHUNGEN UND AUSGRABUNGEN

Den Anweisungen vom 10. September 1951 folgend bezüglich des weiteren Vorgehens in Richelsdorf, Deutschland um dort sowohl die Bergung von menschlichen Überresten als auch die Identifizierung des Flugzeuges, das vermutlich eine B-24 war, um zu setzen wurden weitere Untersuchungen gemacht. Diese brachten folgende neuen Erkenntnisse.
Beim Sammeln von Schrott fand ein Herr Böhm, wohnhaft in Nentershausen, in einem Gebiet wo während des Krieges ein amerikanischer Bomber abgestürzt war menschliche Überreste. Begleitet von Herrn Böhm suchte der Unterzeichner dieses Dokuments die Fundstelle erneut auf. Diese befindet sich etwa 2 km nordwestlich von Richelsdorf. Mit der Hilfe von vier Arbeitern wurde eine Ausgrabung begonnen. Während der Ausgrabung wurden weitere menschliche Überreste geborgen. Vom Flugzeug selbst fanden wir nur kleine Metallfetzen. Weder Maschinengewehr noch Motornummern konnten sichergestellt werden. Bei einer abschließenden Begehung wurde jedoch noch eine Erkennungsmarke mit folgendem Eintrag entdeckt:

C. C. Palmer JR.
19083921 T 42 – 43 A
P (Bedeutung der Erkennungsmarke: Name; Sozialversicherungsnummer; Tetanus 1942 und 1943; Blutgruppe A; Protestant.)
Nachdem man keine weiteren Funde machte wurden noch einige Interviews mit ortsansässigen Zeitzeugen gemacht, die aber zu keinen neuen Erkenntnissen führten. Die Überreste wurden zur Untersuchung nach Liege – Lüttich gebracht.
Das Ergebnis der dort durchgeführten Analyse ergab folgendes, frei aus dem Englischen:

HAUPTQUARTIER
7887 Gräber Registrierung Kommando
Operative Abteilung
APO 757Lüttich, U.S. Army

GROP 200.2
20. November 1951

An: The Quartermaster General
Washington 25, D. C.
Zur Kenntnisnahme: Memorial Division

Punkt 1. Bezugnehmend auf die Berichte über die Beisetzung der zwei Unbekannten X-9070 und X- 9071 im Mausoleum in Lüttich vom 13. November 1951 sowie der anderen Unterlagen die Ihrem Büro am 16. November 1951 zugeleitet wurden kam man zu folgendem Ergebnis:

Punkt 2. Die menschlichen Überreste, die als X-9070 und X-9071 bezeichnet wurden haben eine eindeutige Beziehung zu den vermissten Fliegern von Flugzeug # 42-95078 das am 27. September 1944 bei Richelsdorf, Deutschland abgestürzt ist. Grundlage dieser Überzeugung ist:
- a. Die menschlichen Überreste sowie die Erkennungsmarke von Sgt. Palmer wurden an der Absturzstelle von Flugzeug # 42-95078 gefunden zu deren Besatzung er auch gehörte.
- b. Das Schaubild der Zähne für X-9070 passt zu dem von Sgt. Palmer steht aber auch nicht im Widerspruch zu denen von S/Sgt. Bode und 2nd Lt. Pile.
- c. Das geschätzte Alter und Gewicht von X-9070 stimmt sowohl mit den aufgezeichneten Daten für S/Sgt. Bode als auch Sgt. Palmer überein.

Punkt 3. Eine eindeutige Identifizierung von X-9070 als Sgt. Palmer ist wegen der in Paragraph 2b und 2c gemachten Aussagen nicht eindeutig möglich.

Punkt 4, Weil die Möglichkeit besteht dass in der Russischen Zone weitere Bestattungen der Besatzung von Flugzeug # 42- 95078 stattgefunden haben könnten sind weitere Nachforschungen nötig. Eine eindeutige Identifizierung von X-9070 und X-9071 zum gegenwärtigen Zeitpunkt ist nicht möglich.

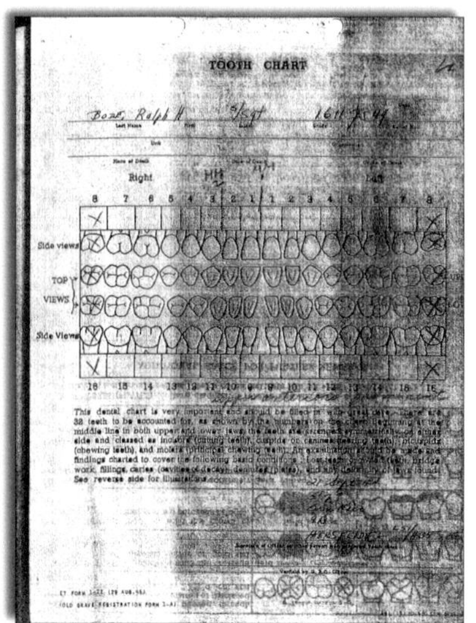
TOOTH CHART

Tooth Chart. IDPF Lt. BODE

Die beiden Fälle bleiben ungelöst und die Überreste werden weiterhin in Lüttich aufbewahrt.

Die Forensik hatte noch nicht die Möglichkeiten und Fähigkeiten wie heute. Vergleichende Zahnanalyse war die meist angewendete Methode.

Das bereits zitierte amerikanische Dokument 10956 schließt dann auch wie folgt: „Die vorhandenen Informationen des Department of the Army lassen zu diesem Zeitpunkt keinerlei Schlüsse über Ort, Datum und Todesumstände (der Mannschaft von 2nd Lt. Hansen) zu. „ Es wurde die Empfehlung ausgesprochen eine erneute Suche vor Ort auszuführen.“ Diese begann am 17.02.1952 in Tiefenort. Es erfolgte zunächst die Kontaktaufnahme mit dem dortigen Friedhofwärter.

„Hugo A. Schaefer: Nach Aufsuchen des Friedhofwärters Ernst Stecher, habe ich den Friedhof, die Friedhofskartei, sowie sämtliche vorhandenen Bücher und die Umgebung des Ortes überprüft. Dortselbst befindet sich keine Leiche eines Angehörigen der US-ARMY mehr. „In einem zweiten Bericht schreibt Schaefer:“ Überprüfung des Friedhofes, der Kartei, sowie der näheren Umgebung ergab keinen weiteren Anhaltspunkt über Grab Lage eines Angehörigen der US-Streitkräfte. Im Oktober 1944 wurde eine US-Jagdmaschine über Frauensee abgeschossen. Der Pilot, der absprang, hatte durch zu spätes Öffnen des Fallschirmes und starken Aufprall in einem Baum schwere innere Verletzungen erlitten. Vor dem Schloss in Frauensee wurde er noch lebend mit unbekanntem Ziel abtransportiert. Die abgestürzte Maschine soll sich angeblich noch an mir unbekannter Stelle im Wald befinden. Durch die Furcht der Leute, hervorgerufen durch die zur Zeit laufende Propaganda, Demonstrationen auch in kleinsten Dörfern, sowie Verbreitung von Greulmärchen über die

Handlungsweise von US-Piloten, war es nicht möglich konkrete Angaben zu erhalten." (Anmerkung: Bei dem Jagdflugzeug von Frauensee handelte es sich um die P-51 „Mustang" 44-14328, Pilot Lt. Fairrington, die am 21.11.1944 bei Frauensee abgestürzt ist. Lt. Fairrington kam nach Untermaßfeld ins Lazarett und überlebte den Krieg)
Die Suche nach den vermissten Fliegern sollte in Gerstungen weitergeführt werden. Das aber war nicht mehr so einfach.
Der „Kalte Krieg" war bereits im vollen Gange und Besuche von Amerikanern dort waren offiziell nicht mehr möglich.
Hugo A. Schaefer beschrieb seinen Erkundungstrip am 18.2.1952 an seine Dienst Stelle: *„Schon durch Erkundigungen über Gerstungen zeigte es sich, dass es äußerst schwierig ist, im Bezirk Gerstungen nach dem Verbleib der abgeschossenen Besatzung zu suchen. Gerstungen ist Grenzstadt mit Übergang zum Westen. Die Bahn fährt jedoch nur bis zum Kontrollpunkt Wartha (Werra), von wo sich der Sperrgürtel längs der Grenze zieht. Einheimische sind den dort stationierten Volkspolizei-Kontrollorganen bekannt. Fremde, die den Kontrollpunkt passieren wollen, kommen mit dem Interzonenbus von Eisenach. Jeder Fremde, der mit der Bahn kommt, wird in Wartha genauestens überprüft und untersucht. Ohne Interzonenpass ist eine zum Erfolg führende Arbeit äußerst erschwert, erfordert Zeit und Geld. Die Absturzstelle der genannten Maschine liegt nicht 400 Meter, sondern nur 80 Meter von der Zonengrenze entfernt (nach Angaben eines Lebensmittelhändlers in Gerstungen).*

Auch hier handelt. es sich um eine Frage finanzieller Art, um ein positives Resultat zu fertigen.

Am 18.02., 14 Uhr vereinbarte ich mit dem Friedhofsverwalter Stecher von Tiefenort, dass er versuchen sollte mit der Bahn bis Wartha und von dort aus nach Gerstungen zu gelangen. Ich selbst, der ich keinen Ost-Ausweis besaß, mietete nach Rücksprache mit einem sehr verlässlichen Mann, dessen Wagen und fuhr von Tiefenort bis in die Nähe der amerikanisch–sowjetischen Zonengrenze. (Dankmarshausen) In der Dämmerung lief ich in Richtung auf Gerstungen. Nach ca. einer halben Stunde wurde ich jedoch durch eine mir entgegenkommende Volkspolizei-Grenzstreife mit Hund gezwungen, schnellstens die amerikanische Zone zu betreten, was wegen der örtlichen Schneeverhältnisse sehr erschwert wurde. Ein Oberwachtmeister des Grenzschutzes in der amerikanischen Zone erklärte, dass es so nicht möglich sei nach Gerstungen zu gelangen, da die Grenze und deren rückwärtiges Gebiet gerade bei Gerstungen, da Grenzübergangstelle, äußerst stark bewacht wird. Nach Ein-

weisung durch den Oberwachtmeister gelangte ich auf Schleichwegen in die sowjetisch besetzte Zone zurück und traf gegen 0 Uhr 10 Minuten in Bad Salzungen ein. Stecher, der vergeblich in Gerstungen gewartet hatte kehrte nach Bad Salzungen zurück und teilte mir mit, dass die Möglichkeit mit Hilfe eines Interzonenpasses und finanzieller Mittel bestände, den Auftrag zu voller Zufriedenheit zu klären, da er dann die Verbindung mit den maßgeblichen Leuten herstellen könnte."

Man kann diesen Berichten entnehmen wie schwierig, beinahe unmöglich es war in der Russischen Zone nach Vermissten zu suchen. Genehmigungen wurden ab und zu erteilt, jedoch zeitlich sehr begrenzt. Alles wurde von den Russen untersucht und kontrolliert.

Es verwundert deshalb auch nicht dass man damals nichts erreichte. Eine gründliche Suche war erst nach der Wiedervereinigung möglich. Die Schwierigkeiten waren jetzt andere (70 Jahre sind eine lange Zeit für menschliche Überreste in der freien Natur, Wind und Wetter ausgesetzt) und die Messlatte liegt vermutlich noch höher. Doch das Motto von JPAC ist: UNTIL THEY ARE HOME – Bis sie wieder zu Hause sind. Und nichts ist unmöglich wie die nachfolgenden Bilder zeigen.
Es handelt. sich hier um die Reste einer Fliegerbrille TYPE B-8, Polaroid Corporation und Stoffreste, sogenannter Heringbone-twill wie er für amerikanische Uniformteile verwendet worden ist. Vor zwei Jahren wurden diese und

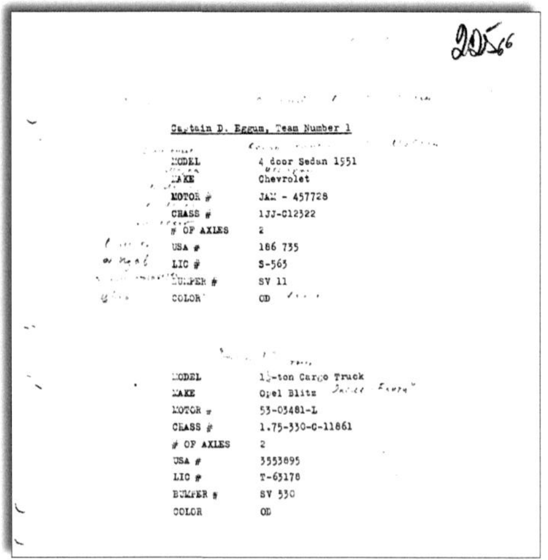

Captain D. Eggum, Team Number 1

MODEL	4 door Sedan 1951
MAKE	Chevrolet
MOTOR #	JAM - 457728
CHASS #	1JJ-C12322
# OF AXLES	2
USA #	186 735
LIC #	S-563
BUMPER #	SV 11
COLOR	OD

MODEL	1½-ton Cargo Truck
MAKE	Opel Blitz
MOTOR #	53-03481-L
CHASS #	1.75-330-C-11861
# OF AXLES	2
USA #	3553895
LIC #	T-63178
BUMPER #	SV 330
COLOR	OD

Antrag für USAAF Team I.
Sammlung Hälbig

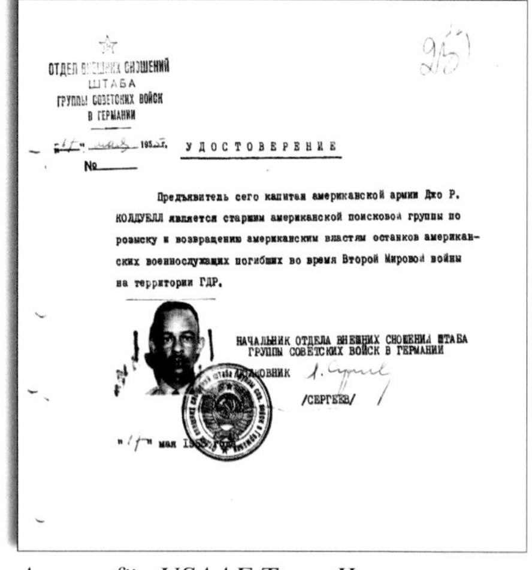

ОТДЕЛ ВНЕШНИХ СНОШЕНИЙ
ШТАБА
ГРУППЫ СОВЕТСКИХ ВОЙСК
В ГЕРМАНИИ

"17" мая 1955 г.

№

УДОСТОВЕРЕНИЕ

Предъявитель сего капитан американской армии Джо Р. КОЛДУЕЛЛ является старшим американской поисковой группы по розыску и возвращению американским властям останков американских военнослужащих погибших во время Второй Мировой войны на территории ГДР.

НАЧАЛЬНИК ОТДЕЛА ВНЕШНИХ СНОШЕНИЙ ШТАБА ГРУППЫ СОВЕТСКИХ ВОЙСК В ГЕРМАНИИ
ПОЛКОВНИК
/СЕРГЕЕВ/

"17" мая 1955 года

Antrag für USAAF Team II.
Sammlung Hälbig

andere Objekte, die von Menschen getragen werden an der Absturzstelle gefunden. Die Natur selber hatte sie frei gegeben. Vielleicht ist im Waldboden noch anderes verborgen? Überdies haben sich in dieser langen Zeit auch die Möglichkeiten und Fähigkeiten der Forensik enorm erweitert und verbessert. Es können Fälle untersucht werden die man früher nicht bearbeiten konnte. Die Untersuchungsmethoden haben sich verfeinert zum Beispiel bei der Altersbestimmung und der Entwicklung von Skeletten. Hilfreich und dieses Wort sei mir bitte verziehen war wieder einmal ein Krieg. Nach dem Korea-Krieg war es amerikanischen Anthropologen möglich 450 Skelette von im Kampf gefallenen Amerikanern genauer zu untersuchen. Zwar gab es schon 1939 Krogman's

Fliegerbrille, Richelsdorf 2006.
Sammlung Hälbig

Herringbone Textilfragment, Richelsdorf.
Sammlung Hälbig

„Führer zur Identifizierung von menschlichem Skelettmaterial“ damals für das FBI angelegt. Das Basismaterial dafür war aber für eine genaue Statistik sehr dürftig. Es gab einfach zu wenige zur Verfügung stehende Skelette. Da boten die 450 Skelette der „Operation Glory“, wie man die Rückführung der toten Amerikaner nannte reichlich mehr „Material“ zur Forschung. Bis dahin hatten Anthropologen Entwicklung und Altersbestimmung von Toten durch Merkmale des gesamten Skeletts bestimmt. Die Ergebnisse waren durchaus befriedigend. Doch man merkte bei den Untersuchungen der Toten von „Operation Glory“ das es keineswegs ein ehernes Gesetz ist das die Epiphyse mit 24 Jahren abgeschlossen ist. Dies bezeichnet unter anderem die zunächst knorpelig angelegten Zwischenräume des Skeletts die erst bei abgeschlossenem Wachstum verknöchern. Man wandte sich der intensiven Bestimmung der Knochen an sich zu und stellte fest, dass die Grundmerkmale wohl hinreichen stimmten, dass aber eine gewisse Bandbreite zu berücksichtigen sei. Soll heißen bei dem einen ist die Entwicklung eher bei einem anderen später abgeschlossen. Mit diesen Erkenntnissen hatte man ein Instrument zur Verfügung das um einiges genauer war als der reine Vergleich des Skeletts als Ganzes. Des Weiteren gibt es heute Untersuchungsmetoden an die damals noch niemand dachte, zum Beispiel die DNA Analyse. Es genügen kleinste Überreste von Verstorbenen, ein Blutsverwandter und man ist mit den entsprechenden technischen Mitteln in der Lage das Erbgut zu entschlüsseln und zu vergleichen. Dieser Vergleich gibt einen 100%igen Hinweis um welche Person es sich handelte. In diese Richtung werden die zukünftigen Untersuchungen an X-9070 und X-9071 weitergeführt. Verwandte der fünf vermissten Flieger sind inzwischen ermittelt. Nach endgültigem Abschluss der Suchkampagne wird die DNA der Verwandten mit der von X-9070 und X-9071 verglichen. X-9070 ist inzwischen als Unbekannter Soldat auf dem amerikanischen Soldatenfriedhof in Luxembourg, Plot I, Reihe 11, Grab 31 beigesetzt und X-9071 auf dem North Africa American Cemetery, Plot B, Reihe 4, Grab 6.

Nachfolgende Bilder zeigen John C. Woodley, von der Hansen Crew während des Krieges und sechs Jahre danach. Er ist wohlgenährt und man sieht ihm nicht mehr an, das er fast verhungert war als man ihn und viele, viele andere aus der Kriegsgefangenschaft befreite. Trotz allem hatte er Mitgefühl für die Deutschen, die jetzt Hunger hatten. Die Ironie ist, das er die Hamburger, die er gerade verdrückt mit einem Scheck der deutschen Regierung bezahlt – 230 $ hat er bekommen. Einen $ für jeden Tag seiner Gefangenschaft. Das Geld stammt aus dem gleichen Fonds wie das was den Deutschen half wieder auf die Beine zu kommen und satt zu werden: Es war Marshall Plan Geld.

John C. Woodley in Uniform.
Kassel Mission Historical Society

Woodley nach dem Krieg.
Kassel Mission Historical Society

Sechs Jahre sind nicht viel um das Furchtbare und Schreckliche zu vergessen, was man gesehen und erlebt hatte. Doch symptomatisch für die Kriegsgeneration die überlebte war, dass sie einfach nur noch leben wollten, Spaß haben, arbeiten, eine Familie gründen. Die Kriegsjahre waren für sie zu einem anderen, fremden und fernen Leben geworden, wenn gleich auch nicht alle eine solche Einstellung entwickeln konnten. Der Wunsch zu vergessen und zu verdrängen war indes existentiell, denn ein Weiterleben wäre sonst auch nur schwer möglich gewesen.

Sommer 2015 – ein Kreis schließt sich

Die Luftschlacht vom 27. September 1944 über Thüringen und Hessen – Teil 8

Am 23. September 2006 fand im Alliiertenmuseum in Berlin ein Treffen statt, zu dem der stellvertretende Luftwaffen Attache der US Botschaft Major Blitch Luftkriegsforscher aus ganz Deutschland eingeladen hatte. Anwesend war ebenfalls ein Vertreter der Britischen Botschaft, Alan Bennett, sowie Angehörige des Joint POW/MIA Accounting Command von Hawaii. Ziel war es, dass Wissen der lokal tätigen Luftkriegsforscher zusammen zu führen um es für JPAC bei der Suche nach vermissten US Soldaten aus dem Zweiten Weltkrieg nutzbar zu machen. Nachdem JPAC sich und seine Arbeit vorgestellt hatte wurden individuelle Interviews geführt. Jeder hatte die Möglichkeit über ihm bekannte Vermisstenfälle zu berichten. Die Fälle an denen ich gearbeitet habe beziehungsweise arbeite sind:

MACR 8882 Eck

MACR 9396 Hansen

MACR 9394 Ische

MACR 2560 Skjeie

MACR 8431 Carlisle

2008 begann ein Team von JPAC unter Leitung von Dr. Fox mit Grabungen in Neustädt und der Vermisstenfall MACR 8882 Lt. Eck konnte weitgehend abgeschlossen werden. Auch S/Sgt. Hogan wurde gefunden und exhumiert. Die Familie von S/Sgt. Hogan besuchte 2014 die Absturzstelle und ein Sauerstofftank, letzte greifbare Erinnerung an das Unglück, trat mit der Hogan Familie die Heimreise an.

2015, im Sommer war es endlich soweit, das ein amerikanisches Team an der Absturzstelle von Lt. Hansen, MACR 9396 mit der Arbeit begann. 10 Jahre des Wartens waren zu Ende. In einem Vorgespräch zwischen den verantwortlichen Personen vor Ort (Landbesitzer, Bürgermeister, Polizei) und den leitenden Verantwortlichen der Amerikaner wurde ein Grabungstermin festgelegt und im Juli 2015 begann die Suche nach den Vermissten – mit großem Erfolg.

Hogans Familie an der Absturzstelle. Sammlung Hälbig

Die Hogan Familie zu Besuch. Sammlung Hälbig

Bereits in der zweiten Woche wurden die ersten menschlichen Überreste gefunden. Knochen und Zähne, wobei letzteren die Bedeutung eines Lotto Treffers zukommen. Sie sind in der Regel gut erhalten und an Hand der von der US ARMY geführten „Tooth Charts“ leicht und schnell einem Individuum zu zuordnen.
Ein außergewöhnlicher Fund wurde bei dieser Grabung ebenfalls noch gemacht. Ein mit Namen signierter Kugelschreiber. Der Name lautete Willet. Lt. Willet flog aber nicht in der Hansen Maschine sondern in der von Lt. Bruce. Die Absturzstelle ist also in Wirklichkeit ein Trümmerfeld von zwei Flugzeugen, die am 27.09.1944 in unmittelbarer Nähe abgestürzt sind. Die menschlichen Überreste sind nach Hawaii zur Untersuchung gebracht worden und in etwa zwei Jahren kann mit den Ergebnissen gerechnet werden. Fall MACR 9396 steht also ebenfalls vor der Aufklärung und dem Abschluss.

Die Grabung 1. Sammlung Hälbig

Die Grabung 2. Sammlung Hälbig

Die Grabung 3. Sammlung Hälbig

Die Grabung 5. Sammlung Hälbig

Die Grabung 4. Sammlung Hälbig

Rufzeichen der Maschine. DPAA-Sammlung Hälbig.

MACR 9394, Lt. Ische galt lange als nicht lösbar. Widersprüchliche Informationen suggerierten, dass er vom POW Friedhof in Richelsdorf exhumiert und auf dem Weg nach Berlin verloren gegangen sei. Zusammen mit Robert Rumsby gelang es jedoch, an Hand von bisher nicht berücksichtigten Dokumenten nachzuweisen, dass Lt. Ische nie exhumiert wurde und noch immer auf dem POW Friedhof in Richelsdorf liegt. Der Grund und Beweis ist folgender. Anfang der 50er Jahre des letzten Jahrhunderts, zur Zeit des Kalten Krieges, erlaubte es die DDR „privaten Organisationen und schillernden Persönlichkeiten" die Suche und Überführung von alliierten Soldaten auszuführen. Diese „lieferten" massenhaft exhumierte Tote nach (West-)Berlin und deklarierten sie als Amerikaner. Es ging ihnen ausschließlich um Devisenbeschaffung. Die amerikanischen Gerichtsmediziner durchschauten diesen Betrug und schickten die Toten nach Bad Salzungen zurück. Es waren Kriegsgefangene und Zwangsarbeiter, vorwiegend aus dem Osten und Belgien. Das „Geschäft" war geplatzt – kein Westgeld für Nicht-Amerikaner. Keine Devisen für die DDR. 1956 war abrupt Schluss und der Geldhahn zugedreht.

Derzeit werden Methoden erörtert wie man Lt. Ische auf diesem Gelände finden kann. Cadaver dogs – Leichenhunde kommen nicht in Frage, da das Gelände auch als Friedhof für über 200 verstorbene italienische und russische Zwangsarbeiter genutzt wurde. Die Leichen Hunde würden bei der Suche in diesem von Leichen kontaminierten Gelände im Sinne des Wortes durchdrehen. So bleibt also nur High Tech und das wird, wieder einmal, teuer.

MACR 2560 ist in der Genehmigungsphase. Das bedeutet, dass wir genau wissen, wo wir suchen müssen. Aber eine Finanzierung des sehr aufwendigen Projektes steht noch nicht, was nicht heißen soll, dass es nicht irgendwann realisiert wird.

Lt. Ische. Kassel Mission Historical Society

MACR 8431 ist noch in der Forschungsphase – aber weit fortgeschritten. Zwei Orte sind lokalisiert, an denen gesucht werden soll. Die Vorbereitungen rechtlicher Art werden im nächsten Jahr angegangen. Genehmigungsverfahren sind einzuleiten: Grundstückseigentümer, Polizei, Sprengmittelräumdienst und so weiter. Die Chancen, alle diese Fälle zu einem guten Abschluss zu bringen stehen nicht schlecht. Aber es kann dauern – so wie in Richelsdorf.

UNTIL THEY ARE HOME

Der vergessene Mann

Die Luftschlacht vom 27. September 1944 über Thüringen und Hessen – Teil 9

In einem Gebiet, das man bequem zu Fuß ablaufen kann, musste die deutsche Luftwaffe an diesem 27. September 1944 weitere Verluste hinnehmen. Betroffen waren Maschinen und deren Piloten von der IV/JG 3, der II/JG 300 und der 14. Staffel des JG 3. Im Abstand von etwa 3 km stürzten drei deutsche Flugzeuge ab. Diesmal waren es die P-51 „Mustang“ der Amerikaner die diese Luftsiege für sich beanspruchten. Zwei Dokumente, die dem Autor vorliegen und im Thüringischen Staatsarchiv Meiningen eingesehen werden können, schildern folgenden Sachverhalt. Sie wurden vom Gendarmerie Einzelposten Waldfisch am 27.09.1944 und 28.09.1944 verfasst und unterrichteten den Landrat in Meiningen über den Absturz deutscher Flugzeuge an diesen Tagen im September 1944, gegen 11:00 Uhr in der Gumpelstädter Flur nahe des Schützenhauses und einer weiteren Maschine in der Möhraer Flur in der Nähe des Bahnwärterhäuschen 18. Es gibt Augenzeugen, die die beiden brennenden Flugzeuge sahen und miterlebten, wie diese auf dem Boden aufschlugen. Die Trümmer flogen in alle Richtungen und bedeckten eine große Fläche. Das Flugzeug in der Möhraer Flur stürzte fast senkrecht auf die Erde. Beide Maschinen waren zunächst nicht zu identifizieren. Ebenso war die Identität der Piloten nicht feststellbar. Es wurden zwar zwei Tote registriert, aber von dem Flieger in Möhra konnten nur Leichenteile geborgen werden. Er hatte sich im Flugzeugsitz verklemmt und raste mit dem Flugzeug in den damals sumpfigen Boden in den Tod. Es ist davon auszugehen, dass er noch immer dort ruht, obgleich er mit seinem Kameraden aus dem Flugzeug von Gumpelstadt auf einem Gedenkstein in Bad Salzungen auf dem Husen Friedhof, ganz in der Nähe der alten Ruine der Husen Kirche von 1161 (ihre Geschichte reicht vermutlich bis weit ins 8. Jahrhundert zurück) verewigt ist.
Anmerkung: Gegenwärtig ist man dabei, die Soldatengräber auf dem Husen Friedhof wieder herzurichten.

Dieser zweite Pilot wurde nahe der Erbachsmühle tot auf einer Wiese gefunden, gut zwei Kilometer vom Aufschlagort seiner Maschine entfernt. Sein Fallschirm hatte sich nicht geöffnet. Der Anblick dieses Toten war selbst für einen Mann, der im Ersten Weltkrieg als Sanitäter diente und der an der Ber-

Husen Kirche. Sammlung Hälbig

gung teilgenommen hatte schockierend. Der Pilot hatte so starken Blutverlust, dass das Blut durch die Nähte der aus Leder bestehenden Fliegerkombination gedrückt wurde. Man fand bei ihm eine Erkennungsmarke, mehrere Briefe und schließlich eine Feldpostnummer. Das ermöglichte seine schnelle und eindeutige Identifizierung. Es handelte sich um den Feldwebel Hans Kugel. Hans Kugel war ein Kamerad von Johann Lottes, der in Unterellen kurz vor oder kurz nach ihm gefallen ist an jenem denkwürdigen 27. September 1944. Er gehörte zur gleichen siebenten Staffel des JG 300, wie auch Ernst Schröder, der mehr Glück hatte als die beiden.

Hans Kugel wurde am 14.01.1920 in Vipperow, als **Hans** Martin Otto Heinrich **Kugel** geboren.

Hans Kugel. Dr. Bertram Engler

Sein Vater war Joachim Karl Friedrich Kugel, der als Facharbeiter in einer Munitionsfabrik arbeitete. Seine Mutter war Marie Kugel, eine geborene Hartmann. Die Familie wohnte bis 1936 in Vipperow und zog dann ins nahegelegene Rechlin. Dort gibt es bis heute Verwandte. Es lebt auch noch eine Schwester von Hans, Margarete Gerisch, die es nach Hechingen in Schwaben verschlagen hat. Während eines Telefonats mit ihr im Herbst 2014 wurde aber deutlich, dass sie sich kaum an die Ereignisse, die zum Tode ihres Bruders führten, erinnern konnte oder wollte. Zwei Dokumente sind noch vorhanden oder besser gesagt mir zugänglich. Dann verliert sich die Spur von Hans auf dem Husen Friedhof in Bad Salzungen. Das erste mir vorliegende Dokument stammt vom Wehrmachtfürsorge – und – Versorgungsamt, Berlin. Es ist datiert am 22.11.1944 und hat die Registrierung: P7 d – K 148/ H 44. Gerichtet an den Vater von Hans Kugel mit folgendem Inhalt: **Landsberg/ W., den 22.11.1944, General v. Strantz-Kaserne.**

BESCHEID ÜBER DIENSTBELOHNUNG
AN Herrn Karl Kugel, Rechlin i. Mecklenburg, Vietzener Weg 55.

Ihr Sohn, der Feldwebel Hans Kugel, ist am 27. September 1944 nach einer Wehrdienstzeit von 5 (fünf) Jahren und 180 Tagen auf dem Felde der Ehre gefallen.
Als Anerkennung für den über den die aktive Dienstpflicht hinaus freiwillig (!!!) geleisteten aktiven Wehrdienst wird Ihnen gemäß Wehrmachtfürsorge – und – Versorgungsgesetz (WFVG) vom 26. August 1938 (Reichsgesetzblatt 1 Seite 1077) § 7 (2) eine Dienstbelohnung von 600,- RM, hiervon ab überzahlte Gebühren 243,57 RM
Bleiben zu zahlen: **356,43 RM**
bewilligt, die von der Heeresstandortkasse **Berlin** gezahlt werden wird.
Dieser Bescheid ist endgültig.
... wie auch der Tod von Hans Kugel auf der Wiese in der Nähe der Erbachsmühle. 356,43 RM für ein Menschenleben, dass die NAZIs für ihre Zwecke missbraucht hatten. Es gab da ja auch noch, wie wir heute wissen, das „unwerte Leben“ oder wer von den „Herren Menschen“ dazu bestimmt wurde!! Die wurden erst beraubt bevor diese armen Frauen, Kinder und Männer egal wie alt oder jung in den industriell geplanten Tod geschickt wurden – eine der größten Perversionen in der Geschichte der Menschheit!

Ein letztes Dokument stammt von der Dienststelle **L 53 076, Luftgaupostamt Dresden**, vom 10.11.1944.

Dort heißt es: „*Sehr geehrter Herr Kugel*

Ich danke Ihnen im Namen aller Kameraden der Gruppe recht herzlich für die Übersendung des Bildes Ihres Sohnes, Feldwebel Hans Kugel.
Es hat seinen Platz im Gruppenalbum der für Großdeutschlands Größe und Freiheit Gefallenen gefunden. Wir werden unserem Kameraden stets ein ehrendes Andenken bewahren.
(Anmerkung: Kennt oder erinnert sich jemand an Hans Kugel ?)
Es grüßt Sie herzlichst, Ihr …" Der Name sei hier ausgelassen.

Auffällig ist aber schon die letzte Zeile, die nicht mehr mit einem „bestimmten Gruß“ (H H) endet. Hatte sich die, wenn auch bittere Erkenntnis bei einigen doch bereits verinnerlicht, dass dieser Krieg für Deutschland kein gutes Ende nehmen würde? Der „Deutsche Volkssturm“ die Mobilisierung der letzten Reserven war zwei Tage vorher, am 25.09.1944 ins Leben gerufen worden. Auch wenn dieser Tag, der 27. September 1944 für die Sturmgruppen, zu denen Hans gehörte nochmals zum Triumpf über die amerikanischen Flieger führen sollte und die Schlacht um die Brücken von Arnheim am gleichen Tag zum Desaster für die Alliierten geworden war, so würde die Reise in Zukunft nur noch eine Richtung kennen – die Vernichtung des „Großdeutschen Traumes“, eines Albtraumes und zum Glück für spätere Generationen, eines Wunschtraumes. Dies war das Ergebnis einer bildungsfreien Selbstherrlichkeit, verbunden mit einer maßlosen Fehleinschätzung der eigenen Situation und einer Überschätzung der daraus resultierenden eigenen Möglichkeiten und Fähigkeiten. Nicht die reale auf Tatsachen beruhende Analyse sondern Ideologie und der krankhafte Glaube an eine Vorsehung bestimmten die Wahrnehmung der Wirklichkeit der Entscheidungsträger des „1.000 jährigen Reiches“ – mit fatalen Folgen. Hitler glaubte nur, was er glauben wollte. Auch die Lagebeurteilungen und Einschätzungen seiner mitunter hochtalentierten Generäle, die oft eine lange Familientradition im Militär vorweisen konnten ignorierte der ehemalige „Postkarten Maler“. Als er nach dem Überfall der Japaner auf Pearl Harbor den USA den Krieg erklärte wusste er und seine militärischen Führer natürlich, das die Amerikaner auf Krieg nicht vorbereitet waren. Ihre Waffen waren veraltet und in der Mannschaftsstärke nahm die US ARMY Platz 40 weltweit ein. Das war noch hinter Bulgarien. Sie hatten gleich nach dem Ersten Weltkrieg ihre Armee wieder demobilisiert nach dem sie 1918 nur widerwillig in diesen Krieg eingetreten waren. Hitler glaubte, das würde auch so bleiben. Anders als Admiral Yamamoto, der den Angriff auf Hawaii geplant und ausgeführt hatte kannte Hitler weder die Amerikaner noch

Amerika. Yamamoto hatte 1919 ein Studium in Harvard aufgenommen, besuchte Detroit und mehrere Zentren der entstehenden Luftfahrtindustrie. Er war von der Produktivität der amerikanischen Wirtschaft aufs höchste beeindruckt. So äußerte er sich vor der Schlacht von Pearl Harbor zu den Chancen, die Japan haben würde. Er sagte er wolle diesen Angriff führen und auch gewinnen. Er könne auch weitere Monate von Sieg zu Sieg eilen. Den Krieg würde Japan dennoch verlieren sobald die amerikanische Wirtschaftsmacht sich vollends entfaltet hätte. Eine solche Erkenntnis wollte sich bei Hitler nicht durchsetzen. Er wollte nicht wahrhaben das ab Sommer 1943 in Ostengland alle sechs Wochen ein neuer Flugplatz fertig gestellt wurde um die riesige Anzahl brandneuer amerikanischer Bomber aufzunehmen, die über den Atlantik nach England verlegt wurden. Er führte den sinnlosen Kampf weiter und schickte weiterhin tausende junge Männer in den Tod. Selbst die Lage in Russland löste bei den Nazi-Größen keinerlei Lerneffekt aus. Er hatte einfach nicht den Weitblick zu erkennen, dass sowohl die Amerikaner als auch die Engländer und die Russen in der ersten Hälfte des Zweiten Weltkrieges nur schlecht vorbereitet waren. Aber alle drei hatten die innere Stärke nämlich Rohstoffe, Technologie, Bevölkerungsstärke und natürlich den geographischen Vorteil um diese Situation zu Ungunsten Deutschlands rasch zu verändern.

Die jungen deutschen Flieger sahen was die alliierten Bomber ihrer Heimat und ihren Familien antaten. Verzweiflung und Wut waren für viele von ihnen die Hauptmotive, weshalb sie den ungleichen Kampf weiterführten. Eine Chance, diesem Schicksal zu entkommen hatten sie nicht. Von diesen Emotionen getrieben, waren wohl auch die Piloten der drei Maschinen, die am 27. September 1944 in der Gegend um Gumpelstadt abgestürzt sind und auf die sich die beiden bereits erwähnten Dokumente beziehen. Es scheint so als ob der Zusammenhang der Informationen die in beiden Schriftstücken beschrieben werden nicht verstanden wurde, verloren gegangen oder unterbrochen worden ist. Hans Kugel wurde zusammen mit einem weiteren „**Soldaten**“, dessen Name Waldemar Hauch war und dessen Sterbedatum mit dem 28.09.1944 angegeben wird in Bad Salzungen beigesetzt. Endgrablage 35 und als solcher auch beim Volksbund registriert. Einen Tag nach der Luftschlacht !!

Namentlich wird in den beiden Polizeiberichten nur Hans Kugel erwähnt. Die Identität der beiden anderen Piloten stand zum Zeitpunkt in der sie verfasst wurden noch nicht fest. Eine Verbindung von Waldemar Hauch zu den Ereignissen am Himmel über unserer Heimat oder seine Zugehörigkeit zur Luftwaffe war zunächst nicht erkennbar und wurde auch später nicht hergestellt. Er geriet in Vergessenheit und tauchte ebenso wenig in der Statistik der deut-

schen Opfer dieses Luftkampfes auf. Auch in der einschlägigen Literatur des Luftkrieges ist der Name Waldemar Hauch nicht zu finden. Erst eine Anfrage bei der WAST brachte in dieser Angelegenheit Klarheit und den Beweis, dass der **Soldat** Waldemar Hauch ein Angehöriger der Deutschen Luftwaffe war. Er war Pilot in der 14. Staffel des JG 3.
Das Schreiben der WAST mit dem Geschäftszeichen II B 412-130423 256-677/465, vom 21.05.2013 hat folgenden Inhalt:

HAUCH, WALDEMAR, geb. 08.12.1921 in Ronnenberg b. Sankt Wendel

Sehr geehrter Herr Hälbig,

hiermit teile ich Ihnen das Ermittlungsergebnis mit:

Todestag 28.09.1944 gefallen
- Alarmstart auf einfliegende Verbände
- im Luftkampf gefallen
Todesort Möhra b. Bad Salzungen
Grablage Friedhof Bad Salzungen
Truppenteil 14. Staffel Sturm-Jagdgeschwader Udet
Dienstgrad Unteroffizier
Heimatanschrift Vater Albert, Baumholder Kreis Koblenz, Adolf-Hitler-Str. 42
Bemerkung Flugzeug: FW 190, Werk-Nr. 681383

Der Inhalt des ersten Dokuments vom 27.09.1944, des Gendarmerie Einzelposten Waldfisch beschreibt den Absturz von zwei Flugzeugen an diesem Tag in Gumpelstadt (Kugel) und der Pilot von Möhra, der zunächst keinen Namen hatte. Beide waren aber tot. In einer Nachtragsmeldung, Tgb. Nr. 485 /44 vom 04.10.1944 zum ersten Bericht, werden nachfolgende Informationen übermittelt. Am 28.09.1944 traf ein Bergungskommando in Gumpelstadt ein um die Leichen der beiden am 27.09.1944 gefallenen Flieger zu bergen. Bei dieser Gelegenheit wurde der Bergungsmannschaft eine dritte Absturzstelle vom 27.09.44 gezeigt, die sich unmittelbar an der Kreisgrenze zu Eisenach im Wald befand. Der Pilot dieser Maschine, die eine FW-190 war konnte sich durch Fallschirmabsprung retten. Auch wurde nun zweifelsfrei belegt, dass es sich bei allen drei Flugzeugen um FW-190 handelte und nicht um Me-109 wie im ersten Bericht angegeben. Von einem weiteren Absturz am 28.09.1944 in Möhra ist ebenso wenig die Rede wie vom Tode eines Soldaten an diesem Tag an diesem Ort. Waldemar Hauch ist somit mit großer Sicherheit am 27.09.1944 zu Tode gekommen.

Kugel Gedenkstein. Sammlung Hälbig

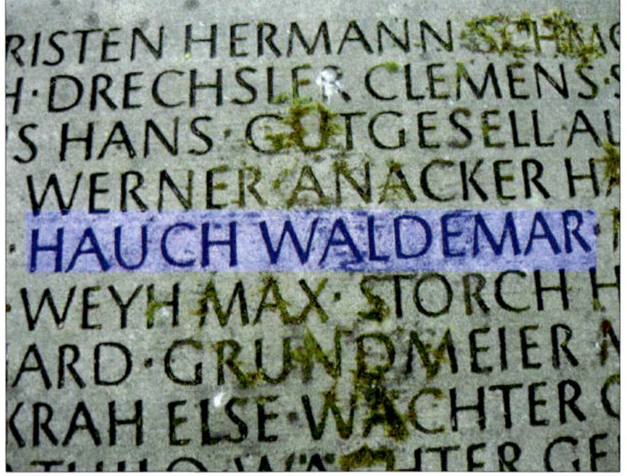

Hauch Gedenkstein. Sammlung Hälbig

Der dritte erwähnte Flieger und seine Identität wird durch einen Zeitzeugen aus Etterwinden belegt.

Er sah, wie eine bereits getroffene deutsche Maschine von einer P-51 „Mustang“ gejagt wurde. Das deutsche Flugzeug, eine FW-190, zog eine lange Rauchfahne hinter sich her und für den Piloten war es höchste Zeit auszusteigen. Dieser Ausstieg gelang ihm auch, mit leichten Blessuren. Der Fallschirm öffnete sich und er trieb ab Richtung Steinbruch. Die Fw-190 stürzte in einem Waldstück nahe der Kreisgrenze zu Eisenach ab und wurde völlig zerstört (Nachzulesen im Nachtragsdokument des Gendarmerie Posten Waldfisch vom 28.09.1944). Der Amerikaner blieb in der Nähe und beobachtete alles. Nachdem der deutsche Flieger gelandet war wackelte er zum Gruß mit den Tragflächen und flog Richtung Eisenach davon. Flieger waren schon immer „anders“. Sie lebten das Rittertum nach und wollten sich auch so, auf „faire Weise“ bekämpfen. Zumindest am Anfang des Krieges. Es passierten oft die unglaublichsten Geschichten. Zum Beispiel am 26. Juli 1943. Ein Lt. Wiegman von der 388. BG wurde nach dem Abschuss seiner B-17 am Boden bei Hesel von Zivilisten aufgegriffen. Man ging erst einmal in eine Kneipe wo der Lt. Wiegman einige Runden Bier für alle bestellte. Er war der Meinung genügend deutsches Geld in seiner Notfallausrüstung zu haben. Als er von Soldaten der Wehrmacht abgeholt wurde um in die Gefangenschaft zu gehen, stellte er jedoch fest dass er nur mit Französischen Francs ausgestattet war. Die Bierrunden mussten die deutschen Soldaten bezahlen.

Ein weiterer Fall von Mitmenschlichkeit ereignete sich am 30.10.1944. Lt. Franz Stigler von der 6./JG 27 traf auf eine B-17, Serial Number 42–3167, geflogen von Charles L. Brown. Dieses Flugzeug hatte einen Bombenangriff auf Bremen ausgeführt und war von der Flak schon mehrmals getroffen worden. Stigler sah die schweren Beschussschäden und brachte es nicht fertig diesem „Feindflugzeug“ den Rest zu geben. Im Gegenteil. Er begleitete die angeschlagene Maschine Richtung England, bis sie in Sicherheit war. Nach dem Krieg lernten sich Brown und Stigler persönlich kennen und wurden Freunde. Der Deutsche erfuhr, dass an Bord der B-17 bereits vier Mann gefallen waren und drei schwer verwundet.
Diese Zeit der Fairness und Menschlichkeit war aber bald vorbei. Es geschah immer häufiger, dass deutsche Piloten noch am Fallschirm hängend erschossen wurden und Amerikaner nach der sicheren Landung ermordet wurden – auch am 27. September 1944. Der deutsche Pilot von Etterwinden hatte Glück. Er meldete sich beim Bürgermeister und ging anschließend nach Wilhelmstal wo man seine Verletzungen behandelte. Anschließend begab er sich nach Eisenach, um von dort zu seiner Einheit zurück zu kehren. Man erinnerte sich an diesen Flieger in Etterwinden weil sein Name Rex war. Es gab dort auch einen Schäferhund, mit diesem Namen. Lt. Ernst Rex von der 15. Sturm/JG 3 soll am 2. November 1944 in Oberrissdorf gefallen sein. Die Absturzstelle von Lt. Rex im Wald bei Etterwinden. Deutlich zu sehen ist das MG-131, das der junge Mann von der Bergungsmannschaft in den Händen hält.

Flügelteile FW 190. Rex. Sammlung Hälbig

Absturzstelle in Etterwinden. W. Hassenpflug.

Die 702. Bomb Squadron

Die Luftschlacht über Thüringen und Hessen – Teil 10

Zur selben Zeit als bei Etterwinden die drei deutschen Jagdflugzeuge abstürzten ging das Bombersterben zwischen Gerstungen, Unhausen und Breitzbach in eine weitere Runde. Die geographische Nähe der Absturzorte weist einmal mehr auf die Intensität und Brutalität dieses Luftkampfes hin. Lt. Warman, 702 BS (Bomb Squadron)und Lt. Schaen, 702 BS stürzten im Waldgebiet zwischen der Berlitz Grube und dem Kohlbach Haus ab. Lt. Brent, 702 BS nördlichen davon Richtung Ulfen. Die Lts Donald, 702 BS, Elder, 703 BS und Johnson, 703 BS zerschellten in Sichtweite der anderen. Die 702. Squadron traf es am Härtesten. Sie allein verlor 9 Flugzeuge mit 90 Mann Besatzung über Deutschland, von denen 42 Flieger während der Kampfhandlungen starben. Die Überlebenden gingen in Gefangenschaft. Weiterhin verlor die 702 BS die B-24 von Lt. Baynham, Lt. Miner, Lt. Sollien, Lt. Potts und Lt. Jones. Von den 10 Flugzeugen der 702 BS kehrte nur eine Maschine nach England zurück, die aber bei der Notlandung in Manston auf der „lame duck“ runway („lahme Ente Landebahn“ – eine extra lange Landebahn für Flugzeuge mit technischen Mängeln oder Beschussschäden) völlig zerstört wurde. Am Abend dieses 27. September 1944 gab es die 702. Bomb Squadron nicht mehr. Nach dem Absturz von Lt. Bolin von der 703. BS, dem ersten Verlust der Amerikaner bei Krauthausen gingen als nächste gleich zwei Maschinen der 702. BS im Abstand von etwa 4 Kilometer verloren. Die grün lackierte B-24 H, Serien Nummer 42-50340 mit dem Spitznamen „Annie McFannie“ von Lt. Potts stürzte 1 Kilometer nordöstlich von Archfeld ab. Die B-24 J, Serien Nummer 42-51287 von Lt. Donald zerschellte am Ziegenberg bei Nesselröden. Zur Mannschaft von Lt. Herbert Potts gehörten Lt. Gerald J. Kathol, Co-Pilot; Lt. Dale F. Zornow, Navigator; Lt. James R. Freybler, Bombenschütze; Sgt Henry Broadway Jr., Oberer Turmschütze; Sgt Ernest J. Biasetti, Funker; Sgt Roger L. Scott, Seitenschütze; Sgt Olin D. Johnson, Seitenschütze und Sgt Rogers Silverman, Heckschütze. Fünf dieser Männer starben, wohl noch im Flugzeug. Der Pilot Lt. Potts im Cockpit, Lt. Zornow, Lt. Freybler, Sgt Broadway und Sgt Johnson auf ihren Posten.

Der überlebende Co-Pilot Lt. Kathol schildert die dramatischen Ereignisse der letzten Minuten vor dem Absturz und danach: (frei aus dem Englischen) Ich erinnere mich an das Ereignis unseres Absturzes nur sehr vage. Ich bemerkte, dass Bordkanonen Munition und Geschosse von schweren Maschinengewehren unsere Maschine trafen. Auch Leuchtspur Munition flog einfach durch unser Cockpit hindurch. Die Bombenklappen ließen sich nicht mehr öffnen und der hintere Teil des Flugzeuges stand bereits in Flammen. Also versuchten wir durch die obere Lucke ins Freie zu gelangen. Einer unserer Seitenschützen, Sgt Scott schob mich nach oben. Dort angekommen langte ich nach unten um ihn hochzuziehen. Genau in diesem Moment explodierte der Treibstoff in den Flügeltanks. Alle vier Motoren und die Flügel der B-24 flogen einfach davon. Ich befand mich zu diesem Zeitpunkt noch im vorderen Rumpfteil. Ich hatte keine Ahnung ob es Scott nach draußen geschafft hat. Ich stürzte mit dem rotierenden Rumpfteil nach unten. Irgendwie gelang es mir mich abzustoßen und öffnete meinen Fallschirm. Zu früh, denn ich hatte erst einen Gurt angelegt. Dies war wohl der Grund, weshalb ich mir meine Hüfte ausrenkte. Ich beobachtete die Luftschlacht und landete schließlich auf einem Feld, wo junge Frauen Heu aufstapelten. Ich konnte nicht aufstehen und auch nicht laufen. Dennoch hatte ich keine großen Schmerzen. Schnell versteckte ich einige persönliche Dinge und gab meinen Fallschirm einer dieser „hübschen Mädchen". Plötzlich kam ein alter Mann den Hang entlang in Begleitung einer jungen Lady. Er sagte: „Ich schieß dich". Er hatte eine altertümlich wirkende Handfeuerwaffe in der Hand, machte aber keinerlei Anstalten seine Drohung wahr zu machen. Die Lady sagte ihm er solle die Waffe wegstecken. Wenig später erschien ein Soldat in Uniform und wies den alten Mann an mich in den Ort zu bringen. Es mag eine Stunde vergangen sein bis er mit einem Wagen wiederkam der von einem Pferd und einer Kuh gezogen wurde und auf dem Säcke mit Getreide lagen. Er gab mir einige Körner zu essen und half mir dann auf den Wagen zu steigen wo ich mich auf die gefüllten Getreidesäcke legen konnte. Ganz langsam fuhren wir nach „irgendwo". Ich erinnere mich, dass ich in einem kleinen Dorf ein Coca Cola Schild gesehen hatte. Schließlich kamen wir zu einer kleinen Dorfschule an deren Zaun sich die Kinder neugierig drängten. Ich brach zusammen als ich vom Wagen gestiegen war. Diesmal half mir der alte Mann nicht. Er dachte wohl es wäre nicht ratsam dem Feind zu helfen wenn er von allen beobachtet wurde. Ich konnte das gut verstehen.

Nach und nach füllte sich der Raum in der kleinen Schule in dem wir eingesperrt wurden mit weiteren Kameraden. Schließlich kam ein LKW, der uns wieder nach „irgendwo" fuhr. George Collar war auf diesem Lastwagen. Er war der Einzige den ich während meines kurzen Aufenthalts in England wirk-

lich kennen gelernt hatte. Wir wohnten beide in der gleichen Baracke und es war mein zweiter Flug überhaupt bei dem wir abgeschossen wurden. Der erste Flug führte mich am Tag zuvor nach Hamm, Westfalen. Was ich dort bombardiert hatte war die Gegend in der meine Großmutter geboren wurde und ich habe heute noch Verwandte dort.

Jerry Kathol.
Kassel Mission Historical Society

Gerald W. Kathol konnte sich nicht mehr erinnern wohin man ihn gebracht hatte. Aber George Collar konnte es. Er war der Flieger den man in Lauchröden fast gelyncht hatte, der den ganzen Tag dazu angehalten wurde seine toten Kameraden von den Feldern und aus den Wäldern um Lauchröden zu bergen und der am Abend mit vielen weiteren Fliegern nach Eisenach gebracht wurde. Dort sah George Collar Gerald Kathol wieder als dieser in das Katholische Krankenhaus zur Erstbehandlung eingeliefert wurde. Der Anfang einer langen Reise die Gerald W. Kathol von Eisenach zuerst nach Obermaßfeld ins Lazarett und dann nach Meiningen in die Klinik brachte,wo er 71 Tage verbrachte. Nach dem er einigermaßen wiederhergestellt war kam er nach Sagan ins Kriegsgefangenlager, dass er aber bereits im Februar 1945 wieder verlassen musste in Richtung Nürnberg. Die Deutschen räumten alle Lager im Osten, weil die Rote Armee immer näher kam. Ende April war sein Martyrium zu Ende – fast zu Ende. Er hatte noch einige Operationen vor sich. Viel Edelstahl und Plastik stellten seine Hüfte wieder so her als wäre nichts gewesen. Er studierte Geologie und wurde anschließend ein sehr erfolgreicher Manager in der Ölindustrie. Am 3. März 1997 verstarb er in Wichita, Kansas.

Auch der Funker Sgt Ernest J. Biasetti überlebte den Absturz. Laut KU 3050 wurde er gegen 11:30 Uhr von Soldaten in der Nähe von Eisenach gefangengenommen. Die übergaben den Gefangenen der Luftwaffe, die ihn zunächst nach Erfurt-Bindersleben brachte. Nach dem Verhör in Oberursel ging er in Gefangenschaft nach Gross-Tychow in das Stalag Luft 4 und kehrte nach dem Krieg in seine Heimat zurück. Ein ähnliches Schicksal hatte sein Kamerad Sgt

Potts Grab. Sammlung Hälbig

Olin Johnson. Unbekannt

Roger Silverman, den er in Gross-Tychow wiedersah. S/Sgt Roger L. Scott kam in das Stalag Luft 3 in Schlesien und machte den langen Marsch nach Nürnberg mit bevor er wieder in die USA zurückkehren konnte.

Lt. Zornow, Lt. Freybler, Sgt Broadway und Sgt Johnson waren zunächst mit ihrem Piloten Lt. Potts in Archfeld bestattet. Nach dem Krieg wurden sie nach Butzbach ins Sammellager zur Identifizierung gebracht. Auf Wunsch der Familien blieben Lt. Potts (Feld O, Reihe 10, Grab 14 und Sgt Broadway (Feld A, Reihe 11, Grab 18) auf dem American Cemetery Margraten in Holland während Lt. Zornow, Lt. Freybler und Sgt Johnson nach Amerika überführt wurden.

Die B-24 J, Serien Nummer 42-51287 von Lt. Donald war bevor sie bei Nesselröden zu Boden stürzte heftigem Feuer durch die deutschen Jäger ausgesetzt. Drei der vier Motoren brannten. Was da vom Himmel fiel hatte nicht mehr viel Ähnlichkeit mit einem Flugzeug.

Die Besatzung bestand aus dem Piloten Lt. Myron H. Donald; Co-Pilot Lt. Frank C. Smith; Navigator Lt. Eric W. Smith Jr.; Bombenschütze Lt. Ira P. Weinstein; Funker T/Sgt Jack B. Stidham; Oberer Turmschütze T/Sgt Anthony Kielar; Seitenschütze S/Sgt Walter J. Walston; Seitenschütze S/Sgt James L. Mc Entee und dem Heckschützen S/Sgt Lawrence A. Modlin. Diese Männer sollten in meinem Leben eine unauslöschliche Erinnerung hinterlassen. Aber dazu später.

Der Bombenschütze Lt. Ira P. Weinstein wollte als er noch die Grundschule besuchte um jeden Preis Kampfpilot werden. Seine große Leidenschaft waren Flugzeuge und das Fliegen. Als er die High School beendet hatte begann er zu arbeiten. Ein Studium konnte er nicht finanzieren. Als es immer deutlicher wurde, dass ein Krieg kommen würde meldete er sich freiwillig um sich seinen Traum vom Fliegen zu erfüllen. Er füllte ein Anmeldeformular aus und bat um die Aufnahme als Aviation Cadet zur Luftwaffe. Zu jener Zeit musste man zwei Jahre studiert haben oder eine Aufnahmeprüfung mit einem Test bestehen um als Aviation Cadet angenommen zu werden. Unter 600 Bewerbern bestand Ira als viert bester. Danach hörte er sechs Monate nichts von der Army. Doch schließlich bekam er seine Anerkennungsurkunde und die Einladung zum Basis und Flug Training. Als er sich zur ärztlichen Untersuchung vorstellte hatte er wieder ein Problem – seine Größe. Man musste, um als Pilot angenommen zu werden mindestens 1,65 Meter Körpergröße haben. Ira war 1,53 Meter. Nach Abschluss aller Untersuchungen und Tests wurde er zum Kommandanten bestellt, der ihm mitteilte, dass sein Traum von der Pilotenausbildung ausgeträumt war. Er hatte die Möglichkeit sofort aus der Army auszuscheiden weil er sich freiwillig gemeldet hatte oder dorthin zu gehen, wohin man ihn schickte. Er wählte die zweite Option und kam nach Texas in die Schule für Bombenschützen auf dem Stützpunkt Ellington Field. So konnte er wenigstens fliegen. Er wurde einer bestimmten Mannschaft zugeteilt und absolvierte gemeinsam das Flugtraining in Peterson Field, Colorado. Anschließend erfolgte die Verlegung nach Tibenham, England. Sie waren jetzt Teil der 445th Bomb Group, 702nd Squadron. Am 27. September 1944 hatte Ira nur noch einen letzten Flug vor sich bevor er nach Hause gehen konnte. Der 27. September ist aber gleichzeitig der jüdische Feiertag Yom Kippur. Ira ist Jude und hatte einen Ausgangsschein für drei Tage. Er sollte sich London ansehen und nicht fliegen. Stattdessen ging er morgens zur Flug- und Einsatzbesprechung. Er sah, dass das Ziel der 445th BG an diesem Tag Kassel war. Nicht sehr weit nach Deutschland hinein, moderate Flak und Begleitung durch Jagdflugzeuge die gesamte Mission über. Das sah sehr leicht aus. Er meldete sich freiwillig. Seine Frau hatte Weihnachten Geburtstag und er hoffte nach diesem einfachen Flug rechtzeitig zu diesem Tag zu Hause zu sein. Der Bombenschütze von Lt. Donald meldete sich krank und Ira, der vorher noch nie mit dieser Mannschaft geflogen war sprang für ihn ein. Alles verlief zunächst ruhig und nach Plan. Ira hatte keine Ahnung, dass sie nicht auf dem richtigen Kurs waren. Als Ergebnis davon sollte er wohl zum Geburtstag seiner Frau zu Hause sein – aber ein Jahr später. Als die Kampfhandlungen begannen lag Ira im unteren Bereich der B-24, wo sich das Norden Zielgerät und die Bomben Auslöser befanden. Die interne Sprechanlage war ausgefallen und Ira realisierte zwar, dass draußen geschossen wurde, nicht aber das das Zeichen zum Aussteigen durch die Alarmglocke längst gegeben war. Der Navigator Lt. Eric W. Smith Jr. zog den kleinen Mann aus dem unteren Gefechtsstand und bedeutete ihm sofort auszusteigen. Ira sprang – und blieb an irgendetwas hängen. Er zog sich an seiner Fallschirmleine wieder zurück ins Flugzeug und sprang ein zweites Mal. Diesmal mit Erfolg. Er landete auf einem kleinen Feld in der Nähe von Nesselröden und versteckte sich zunächst um über seine Situation nachzudenken. Schließlich war er Jude. Was würde die SS mit ihm machen, wenn er ihnen in die Hände fiel? Es kam ganz anders. Er traf auf den damals 16 jährigen Karl Assmann. Der sprach ihn auf Englisch an und brachte ihn zum Haus des Bürgermeisters. Dessen Frau gab ihm einen Teller mit Kartoffel Suppe und einen Tee (als er bei seinem ersten Besuch in Deutschland nach dem Krieg im Jahr 2000 Karl Assmann wiedersah schwärmte er noch immer von dieser Suppe und wollte unbedingt das Rezept haben). Soldaten der Luftwaffe vom Stützpunkt in Altefeld holten ihn ab. Das bedeutete, er war nun Kriegsgefangener der deutschen Luftwaffe. Er konnte sich jetzt etwas sicherer fühlen – auch vor der SS. Allerdings wurde auch er dazu benutzt seine Toten Kameraden zu bergen. Ira (frei aus dem Englischen): „Nachdem ich abgesprungen war versteckte ich mich im nahen Wald. Später, nach meiner Gefangennahme durch die „Krauts“ wurde ich zu verschiedenen unserer Flugzeuge gebracht, die an diesem Tag abgeschossen worden waren. Als wir zu meinem Flugzeug kamen sah ich, dass meine Kameraden Anthony Kielar, James L.Mc Entee, Walter J. Walston und Lawrence A. Modlin noch in der Maschine waren. Allerdings in einem schlimmen Zustand. Sie waren furchtbar verbrannt. Ich holte die Körper aus dem Flugzeug und legte sie in der Nähe im Wald ab. Das war das letzte Mal, dass ich sie gesehen habe. Unser Pilot lag in einem nicht weit von der Absturzstelle entfernten Feld“. Lt. Walter George, Co-Pilot von Lt. Brent sagte später aus, dass ihm ein Lt. Jones (445th BG, 702 Squadron)im Kriegsgefangenlager erzählt. hatte, das man einen Lt. Donald gefunden habe dessen Fallschirmseile offenbar beim Absprung durch irgendetwas scharfkantiges der Maschine zerschnitten wurden und er ohne Schirm in die Tiefe gestürzt war. Tatsächlich konnten nur der Pilot Donald und der Heckschütze Modlin später eindeutig identifiziert werden. Donald liegt heute in Lorraine, Frankreich: Feld G, Reihe 11, Grab 8. Modlin liegt auf dem Fort Leavenworth National Cemetery: Sektion D, Grab 1366C. Die anderen drei Flieger Kielar, McEntee und Walston fanden ihre letzte Ruhe auf dem Zachary Taylor National Cemetery in einem Gemeinschaftsgrab: Sektion 1, Grab 162.

Ira wurde nach Eisenach gebracht, von dort nach Oberursel zur Befragung und zum Schluss nach Barth, ins Stalag I.

Die Bergungsarbeiten auf dem Ziegenberg waren wohl wegen der desaströsen Zerstörung der B-24 von Lt. Donald nicht sehr gründlich. Vielleicht spielte auch eine Rolle, dass die Männer der deutschen Bergungsmannschaft von Major Krahn an diesem Tag im Jahr 1944 ungewöhnlich viel zu tun hatten. Es waren einfach zu viele Flugzeuge auf zu engem Raum abgestürzt. Ein großes Gebiet ist noch heute mit kleinen Trümmern bedeckt. Für das Museum der Kassel Mission Historical Society sollte versucht werden noch einige Artefakte zu bergen. Das verlief einigermaßen erfolgreich – aber, weil ich wie so oft die falsche Brille bei mir hatte, erkannte ich nicht sofort was ich als Fundstück 6 ZB gekennzeichnet hatte und in eine Tüte steckte. Die Identifizierung und Konservierung sollte später erfolgen. Fundstück 6 ZB sah aus wie eine weise Halbschale aus Plastik. Bei der späteren Sichtung der Fundstücke fiel gleich auf, dass sich 6 ZB farblich verändert hatte. Es war jetzt schmutzig gelb. Sehr beunruhigend. Nach vorsichtiger Extraktion von der Erde konnte ich sehen, was ich da in den Händen hielt. Es war das Stück einer menschlichen Schädeldecke. Die Sutur, die Knochennaht, die die einzelnen Schädelplatten voneinander trennt war deutlich zu erkennen. Damit hatte ich nicht gerechnet, weil die Flieger, die an dieser Stelle im hessischen Wald am 27. September 1944 starben alle geborgen waren und Gräber hatten. Es gab von der B-24J-I, Seriennummer DT 42-51287, von Lt. Myron H. Donald keine Vermissten. Ira hatte sie alle aus dem zerstörten Flugzeug geborgen. Alle, aber offensichtlich nicht alles. Das übliche Prozedere begann. Ich machte Fotos und schickte sie nach Wiesbaden zum Verbindungsbüro der US ARMY. Die sendeten sie weiter nach Heidelberg, wo eine erste kriminaltechnische Begutachtung bestätigte, was meine Befürchtung war. Es handelte sich eindeutig um menschliche Überreste, die bereits Jahrzehnte dort gelegen haben mussten und von einem jungen Menschen stammten. Als nächstes wurde ein Ortstermin

Gemeinschaftsgrab. Sammlung Hälbig

mit der hessischen Polizei vereinbart um ein aktuelles Verbrechen auszuschließen. Als all das erledigt war kam ein Team des US Army Criminal Investigation Command mit dem Formular DA FORM 4137. Nach dem dieses Formular ausgefüllt und unterschrieben war traten die Überreste des jungen Mannes, der damals sein Leben lassen musste die Heimreise an. Sie haben nun hoffentlich ihre letzte Ruhe gefunden. Das Gefühl einer persönlichen „Berührung“ von jemandem, den ich nie getroffen habe, dessen Schicksal und Geschichte durch mein Interesses am letzten Abschnitt seines jungen Lebens und Sterbens zu einem Teil meines Lebens wurde, ist unbeschreiblich.

Im Juni 2011 hätte sich um ein Haar für Ira eine weitere Flugzeugkatastrophe ereignet. Er wurde mit einem anderen Veteranen eingeladen zum 67. Jahrestag von D-Day, der Landung der Alliierten in der Normandie an einem Flug in einer historischen B-17 „Flying Fortress“ teilzunehmen. Der Flug wurde abgesagt weil die B-17, wie so oft, Öl verlor. (Das gleiche Problem, das auch meinen Flug mit einer B-17 verhinderte). Am nächsten Tag hatte Ira keine Lust noch einmal nach Aurora, Illinois zu fahren und unternahm stattdessen lieber etwas mit seinem Enkel. Eine Fügung des Schicksals. Die B-17 mit dem Namen „Liberty Bell“ fing während des Fluges Feuer und musste eine Notlandung machen. Es kam niemand zu Schaden – nur das Flugzeug wurde zum Totalschaden. Ira konnte es nicht fassen. Ein zweites Mal hatte er Glück gehabt.

Ira Weinstein – Mitte. USAAF

Orte des Schreckens im Tal der „Kohlbach“

Die Luftschlacht vom 27. September 1944 über Thüringen und Hessen – Teil 11

Über 40 Jahre war die schöne Landschaft des Kohlbach Tales von einer tödlichen Grenze durchzogen. Die Gegend war voller Mienen. An den Sperrzäunen waren Selbstschussanlagen angebracht. Soldaten mit Hunden und Schießbefehl patrollierten dort (auf östlicher Seite) zwischen den beiden deutschen Staaten, die als Ergebnis des Zweiten Weltkrieges entstanden waren. Dieses Gebiet um die Kohlbachquelle bot schon seit eh und je Einzigartiges an Flora und Fauna. Die künstliche und unnatürliche Grenze, in der es kaum Menschen gab trug dazu bei, dass aus dieser Gegend ein wahres Paradies wurde. Ohne Eingriffe durch den Menschen konnte sich die Tier- und Pflanzenwelt ungestört entwickeln. Sie ist in ihrer Art einzigartig, wunderschön und immer für Überraschungen gut. Es war aber auch ein Ort dramatischer Ereignisse, von Leid und Tod. Wie am 27. September 1944 als etwa zeitgleich drei B-24 in einem Dreieck von zwei mal drei Kilometer abstürzten.

16 junge Amerikaner verloren dabei ihr Leben.

Auch eine B-24 der 702. Staffel war wieder dabei. Die B-24 J, Serien-Nr. 42-100308 von Lt. Leslie E. Warman als Pilot.

Sie trug den Spitznamen „Our Gal“, was „Unser Mädchen“ bedeutet. Dieses Flugzeug war erst am 6. August von der 392. Bomber Gruppe zur 445. Gruppe überführt worden und hatte bereits 34 Einsätze hinter sich.

Lt. Warman. Kassel Mission Historical Society

B-24 „Our Gal“.
Kassel Mission Historical Society

Am 27. September 1944 starben beim Absturz von „Our Gal“ Lt. Warman, ebenso Lt. Robert C. Johnston, Co-Pilot; Lt. Francis W. Costley, Navigator; S/Sgt. Douglas P. Smith, Funker; S/Sgt. Charles G. Pakestein, Seitenschütze und S/Sgt. Carl W. Forster, Seitenschütze. Nur drei Mann überlebten: S/Sgt. Francis R. E. Barnish, Frontschütze; S/Sgt. Wilbur E. Brown, Oberer Geschützturm und S/Sgt. Raymond W. Ray, Heckschütze.

Raymond W. Ray.
Kassel Mission Historical Society

Von S/Sgt. Raymond W. Ray stammen die spärlichen Informationen die es über diese Tragödie gibt. Einige, wenige Hinweise sind auch in den beiden deutschen KU Berichten Nummer 1010 und 3057 zu finden.

Es war die 9. Mission, die Raymond W. Ray an diesem Tag mit dem Ziel Kassel flog. Auch ihm war während dieses Fluges nicht bewusst, dass sie ihren Jäger Begleitschutz verloren hatten. Da die Jagdflugzeuge für den Schutz des gesamten Bomberstromes verantwortlich waren und nicht nur speziell für eine Gruppe, gab es immer Zeiten in denen man sie nicht sah. Mal flogen sie an der Spitze der Division, die oft eine Länge von 100 km hatte, mal hinter, unter oder über ihr. „Our Gal“ war Teil der oberen, rechten Squadron der 445. Bomber Gruppe als die FW-190 und ME-109 Jäger von hinten angriffen. Ray fing an zu feuern und rief gleichzeitig seinem Piloten zu, das „Bandits“ von 6 O'clock low (Bandits – Pilotensprache für Feindflugzeuge; 6 O'clock low – von hinten unten) angreifen würden. Einer dieser Feindjäger war so schnell und nah vor seiner Geschützstation aufgetaucht, dass er die Pilotenbrille seines Gegners erkennen konnte. Er flog ganz knapp über „Our Gal“ hinweg und explodierte plötzlich. Es ist nicht ganz klar, ob der Treffer von Ray oder dem Seitenschützen gekommen war. Nach dem Krieg sagte Ray er habe diesen Piloten damals gehasst. Inzwischen hoffe er aber, dass es nicht seine Geschosse waren, die ihn getötet haben.
Weitere Maschinen rasten mit feuernden Bordkanonen auf ihn zu und er hatte keine Hoffnung diesen Kampf zu überleben. Die Übermacht war einfach zu groß. 20 mm Geschosse trafen auf seinen mit Panzerglas geschützten Heckstand. Zunächst hielt dieser dem Beschuss stand. Als aber immer öfter auch die Strukturen aus Aluminium getroffen wurden, löste sich die große Scheibe und flog davon.

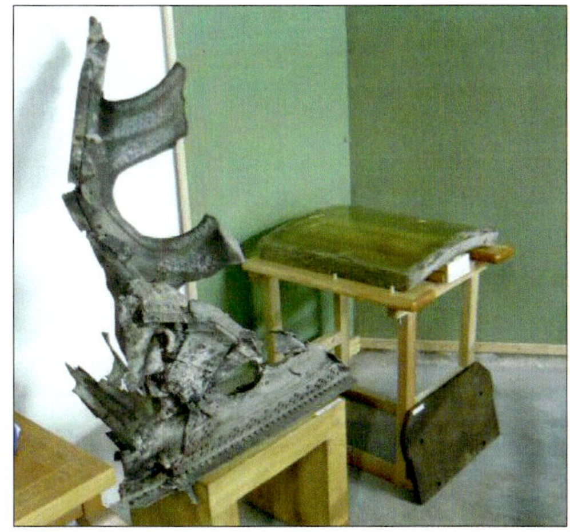

Panzerglas und Flügelreste von „Our Gal“. Sammlung Hälbig

Nebenstehendes Bild zeigt eine solche gepanzerte Scheibe, über 58 mm dick. Sie stammt aus der Kohlbach, von der Stelle an der „Our Gal“ abstürzte und weist ganz deutliche Beschussschäden auf. Es könnte sich also durchaus um die Scheibe von „Our Gal“

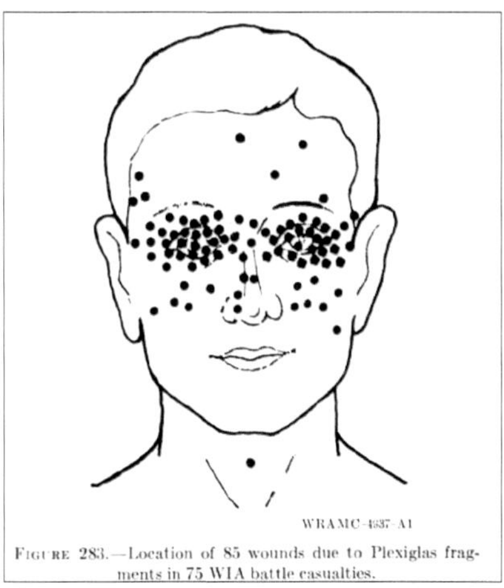

Verletzungsfolgen durch Scheibenbruch. WRAMC.

Charles G. Pakestein.
Kassel Mission Historical Society

handeln. Was den Fliegern geschehen konnte, wenn eine solche Schutzscheibe in kleine Stücke brach veranschaulicht das nebenstehende Bild.

Die Wunden waren verheerend. Die Treffer, die die Bordwaffen von Ray zerstörten kamen mit solcher Wucht, dass er im Sinne des Wortes und nach seinen eigenen Worten einen Salto rückwärts machte. Er krachte zwischen den beiden Seitenschützen S/Sgt. Pakestein und S/Sgt. Forster auf den Flugzeugboden. Diese lagen ebenfalls auf dem Boden und waren vermutlich schon tot. Man fand sie später im hinteren Teil des Flugzeuges an einem Waldweg in der Nähe der Berlitz Grube. Sie wurden zunächst in Breitzbach bestattet. Charles G. Pakestein, dessen Eltern ursprünglich aus Ungarn stammten und den Namen Pakozder trugen, den sie dann nach der Einwanderung in die USA in Pakestein änderten, liegt heute auf dem Katholischen Friedhof „Immaculate Conception Cemetery“ in der Gemeinde Hardyston Township, New Jersey.

Das Foto stammt aus seinem High School Jahrbuch. Carl W. Forster fand seine letzte Ruhe in Lorrain, Frankreich.

Carl hatte einen Bruder, der ebenfalls in der USAAF in Europa diente – Bill Forster. Der war Funker in einer B-26 der 9. USAAF und keine 100 Meilen von Carl entfernt stationiert. Dies diente oft als Vorwand sich vom Stützpunkt zu entfernen, in dem man ein „Familien Treffen“ vorgab. Diese „Familien Treffen“ fanden aber nicht immer statt und wurden für andere „Aktivitäten“ benutzt. Die ganze Sache flog auf, als ein diensthabender Offizier wusste, dass Carl auf keinen Fall an einem bestimmten Tag zu einem Treffen kommen würde – weil dieser einen Einsatz flog. Bill Forster beendete 72 Kampfeinsätze und wurde in die Staaten zurückversetzt. Auf dem Schiff traf er einen Flieger, der in der gleichen Gruppe wie Carl gedient hatte. Erst von ihm erfuhr er, dass Carl als vermisst galt. Noch viel später erfuhr die Familie von seinem Tod und wo er seine letzte Ruhe fand.

Carl W. Forster.
Kassel Mission Historical Society

Ray schaffte den Ausstieg und als er die Wolkendecke erreichte öffnete er seinen Fallschirm. Eine FW-190 raste an ihm vorbei und verschwand in den Wolken. Das war das letzte, was er von der Schlacht mitbekam. Als er freie Sicht nach unten hatte, sah er ein kleines Dorf und eine größere Menschenmenge, die zu ihm heraufschauten. Er dachte: Das war's. Sie werden mich töten. Nach seiner unsanften Landung kam ein alter Mann auf ihn zugelaufen und bedeutete ihm seine Hände zu heben. Das gelang ihm nur mit dem rechten Arm, da im linken drei Splitter steckten. Der Mann missdeutete das und wurde handgreiflich. Aber es war Erntezeit!!! Und wie es schon andere Flieger beschrieben haben tauchten auch hier zwei junge Frauen auf!!! und nahmen ihn in Gewahrsam. Sie leisteten erste Hilfe. Er wurde in ein kleines Haus gebracht und dort auf ein Strohlager mit einer Decke gelegt. Später kam ein Soldat der Luftwaffe. Er hatte noch andere Gefangene bei sich, mit denen zusammen er nach Eisenach ins Krankenhaus gefahren wurde. Nach einer Erstversorgung fuhren sie mit dem

Wilbur E. Brown.
Kassel Mission Historical Society

Zug nach Untermaßfeld ins Lazarett. Ein weiterer Gefangener wurde in sein Abteil gebracht, dessen Gesicht total verbrannt und entstellt war. Ray erkannte ihn an seinem Ring. Es war Wilbur E. Brown aus dem oberen Geschützturm.

Robert C. Johnston.
Kassel Mission Historical Society

Als sich die Beiden nach dem Krieg wiedersahen, konnte Ray nicht glauben, dass Wilbur, außer einer kleinen Narbe über dem rechten Auge wieder völlig hergestellt war. Francis R.E. Barnish ging bei Eisenach in Gefangenschaft. Zusammen mit anderen, aufgegriffenen Fliegern wurde er zunächst in die Panzerkaserne nach Eisenach gebracht, danach zur Befragung nach Oberursel. Dort erfolgte die Aufteilung in die entsprechenden Gefangenlager. Warman, Johnston und Smith waren zuerst in Gerstungen, später in Lauchröden begraben. Costley wurde vorübergehend in Sallmannshausen beigesetzt. Ihre endgültige Ruhe fanden Smith und Johnston auf dem Amerikanischen Friedhof Ardennen, Belgien und Costley in Margraten, Holland. Warman kehrte nach Kalifornien zurück und hat seine letzte Ruhestätte auf dem Woodlawn Memorial Park in Compton gefunden.

Das Sterben und Leiden so vieler junger Männer in der Kohlbach war nach dem Absturz von Lt. Warman noch nicht beendet. Im Gegenteil. Es begann gerade erst. Die Spur des Todes zog sich durch die Kohlbach, durch das Tal der Werra, nach Bad Hersfeld und weiter bis nach Koblenz, Belgien und Frankreich. Fast jede Gemeinde zwischen Eisenach und Gerstungen war in irgendeiner Art und Weise in diesen Luftkampf involviert. Sei es durch die Gefangennahme von Amerikanern oder die Bergung von jungen gefallenen Fliegern beider Seiten. Auch Richtung Osten dehnten sich die Gefechte aus. Gotha, Arnstadt bis in die Nähe von Jena um nur einige zu nennen. Dort überall hat dieser 27. September 1944 Erinnerungen hinterlassen.

Die zweite B-24, die in die Kohlbach stürzte war die B-24 J, Seriennummer 44-10511 von Lt. James W. Schaen. Die Mannschaft bestand aus neun Mann: Lt. Bobby C. McGough, Co-Pilot; Lt. Corman H. Bean, Navigator; Lt. George Collar, Bombenschütze; T/Sgt. George S. Eppley, Turmschütze; T/Sgt. Robert L. Collins, Funker; S/Sgt. Richard L. Parsons, Seitenschütze; S/Sgt. Edward J. Johnson, Seitenschütze und S/Sgt. Brian J. Hurt, Heckschütze.
Als Lt. George Collar aus dem Fenster seiner getroffenen Maschine sah konnte er, nicht weit entfernt, zwei brennende B-24 beobachten, die nach unten stürzten. Er bemerkte, dass auch sein Flugzeug sich mit brennendem Flügel nach vorne neigte. Es war höchste Zeit auszusteigen. Die B-24 von Lt. Schaen zerbrach noch in der Luft und ging in der Nähe der Kohlbach Quelle nieder.

Motor in der Kohlbach. K. H. Schmedding

Ein abgebrochener Motor krachte dort auf einen Waldweg und unweit des Kohlbach Hauses wurde das gruselige Foto des toten amerikanischen Fliegers aufgenommen, dessen Fallschirm sich nicht geöffnet hatte. Er war aus 7.000 Meter Höhe ungebremst in den Tod gestürzt.

Toter Amerikaner ‚Kohlbach' Schaen Crew. K. H. Schmedding

So etwas sollte gar nicht geschehen und wenn schon, dann nicht ihnen. Die „Kids" (Kinder) waren darauf nicht vorbereitet. Man mag sich nicht vorstellen, was sich im Moment der Katastrophe an Bord abgespielt haben mag. 20–23 Jahre junge Männer, denen man oft genug erzählt hatte, das sie bei dem gewaltigen Abwehrfeuer, das ihre Flugzeuge auf den Feind richten konnten völlig sicher waren. Wenn es nur immer und immer wieder wiederholt wird, glaubt man es am Ende. Als aber die Geschosse durch die dünne Flugzeughaut traten, Kameraden töteten und die Maschine flugunfähig machten merkten sie, der eine früher, der andere später, dass das eine Lüge war. Ihr junges Leben ging bereits zu Ende. Träume stürzten in die Tiefe und Menschen sollten sich nie kennenlernen. Lt. Schaen wurde bald Vater. Aber seine Tochter lernte er nie kennen. Ebenso erging es Major McCoy, der auch Vater einer kleinen Tochter werden sollte – als er schon tot war. Die Deutschen mussten ähnliche Schicksale erleiden. Fw Martin Brunotte, Fw Gerhard Mett und Ofw Heinz Weuack fielen am gleichen Tag und lernten ihre noch ungeborenen Söhne nie kennen – und umgekehrt diese nicht ihre Väter. Vermutlich durch das starke Abwehrfeuer der Bomber, die amerikanischen Jäger waren noch nicht da, stürzten Mett, Brunotte und Zimdahl tödlich getroffen ab. Mett bei Göringen, Brunotte bei Gerstungen in der Nähe des Bades und Zimdahl in die Werra Wiesen zwischen Gerstungen und Herda. Zimdahl, der ebenso wie

Brunotte-Mett. Sammlung Hälbig

Brunotte-Mett. Sammlung Hälbig

Zimdahl. Sammlung Hälbig

Mett. Sammlung Hälbig

Kugel, aus Mecklenburg stammte liegt, heute auf dem Hauptfriedhof in Erfurt. Brunotte und Mett auf dem Friedhof in Gerstungen.

Ein Eintrag im Totenbuch von Gerstungen offenbart allerdings, das Brunotte, Mett und noch eine dritte Person im Grab waren. Da ist zu lesen: Mett Gerhard und zwei nicht feststellbare Kameraden.

Gemeinde [illegible] Jahr 1944

Fortlaufende Nummer des Bandes	Wohnung, Straße, Hausnummer und Gutsname	Name, Stand und Herkunft des Verstorbenen	Ort und Zeit der Geburt	Tag und Stunde des Todes
37.		Mett Gerhard aktiver Fliegerfeldwebel (abgestürzt bei Luftkampf am 27. IX. 1944 über Gerstungen) und noch zwei nicht feststellbare Kameraden	2. XI. 1919 [illegible]	als Jagdflieger abgestürzt über Gerstungen beim Luftkampf 27. September 1944
38.		Weigand Brigitte Hedwig Kind	4. Oktober 1944 Gerstungen	7. Oktober 1944 Gerstungen
		Wallstein Karl	17. [illegible]	Verstorben [illegible]

Mett, Sterbebuch Gerstungen. Sammlung Hälbig

Nun, der eine ist Brunotte und bei dem Dritten kann es sich nur um den einzigen vermissten deutschen Flieger vom 27.09.1944, Oblt. Othmar Zehart handeln.

Da die Gräber zur DDR-Zeit beseitigt wurden und niemand mehr die genaue Lage kennt, ist eine Exhumierung mit Nachweis nicht mehr möglich. Lt. Schaen und zwei seiner ums Leben gekommenen Kameraden Parsons und Johnson hatten in Gerstungen ihre Erstgrablage und Hurt in Neustedt.

Zehart. Unbekannt

Das nebenstehende Bild zeigt einen russischen Offizier, der mit dem amerikanischen Verbindungsoffizier Tony DeLello am Grab der Amerikaner in Gerstungen steht.

Grab in Gerstungen. Kassel Mission Historical Society

James W. Schaen hat seine letzte Ruhe auf dem Arlington National Cemetery in Virginia gefunden. Seine Kameraden Edward J. Johnson und Richard L. Parson kehrten ebenfalls in die USA zurück. Johnson auf den Long Island National Cemetery in Farmingdale, New York, Sektion J, Grab 14 und Parson auf den Greenlawn Cemetery – Greelawn Avenue, Bainbridge, New York.

Schaen Crew. Kassel Mission Historical Society

Die Morde

Die Luftschlacht vom 27. September 1944 über Thüringen und Hessen – Teil 12

Wer unter euch ohne Sünde ist, der werfe den ersten Stein auf sie. Johannes 8: 7

Der Bombenkrieg ist bis heute ein Thema, das polarisiert. Die einen sagen, die Deutschen hätten zuerst England bombardiert. Die anderen verweisen auf Dresden – obwohl es Hamburg noch härter getroffen hat, wie auch andere deutsche Städte. Auf beiden Seiten tat die Propaganda ihr übriges um den „kleinen Mann“ dazu zu verleiten aufeinander loszugehen und die verbrecherischen Absichten der „Großen“ auszuführen. Auch am 27. September 1944 geschah das. Als die Parteikanzlei die Gauleiter angewiesen hatte, die „Volksjustiz gegen anglo-amerikanische Mörder“ gewähren zu lassen, war der Weg für die Lynchjustiz frei. Über 300 englische und amerikanische Flieger fielen dieser zum Opfer.

Brent Crew. Kassel Mission Historical Society

Fast in Sichtweite der Absturzstelle von Lt. Warman schlug die B-24H-20, CF 42-50324 mit dem Spitzamen „Eileen“ nahe Gerbachsgrund bei Ulfen auf. Pilot war Lt. Donald E. Brent. Co-Pilot: Lt. Walter E. George; Bombenschütze: Lt. Herold M. Mercier; Frontschütze: S/Sgt George B. Linkletter; Oberer Geschützturm: T/Sgt Constant S. Galuszewski; Funker: T/Sgt Sammy S. Weiner; Seitenschütze: S/Sgt Milton C. Smisek; Seitenschütze: S/Sgt Donald W. Larsen und Heckschütze: S/Sgt Woodard C. Watts.

Wie der 27.09.1944 für die Mannschaft von Lt. Brent begann berichtet der Co-Pilot Walter E. George. Für ihn war es die 17. Mission. Wecken war, wie fast immer, gegen 03:00 Uhr morgens. Sie gingen zum Frühstück in die Offiziersmesse für Piloten. Nach Georges Meinung gab es dort das schlechteste Essen vom ganzen Stützpunkt. So entfernte er immer mal die Pilotenschwingen von seiner Uniform und ging in die Offiziersmesse für das Bodenpersonal, wo das Essen viel besser war. Anschließend trafen sie sich zum „Briefing“, zur Einführung in die geplante Mission. Auf einer großen Karte wurde ihnen das Ziel des Tages bekannt gegeben. Ebenso Gebiete mit großer

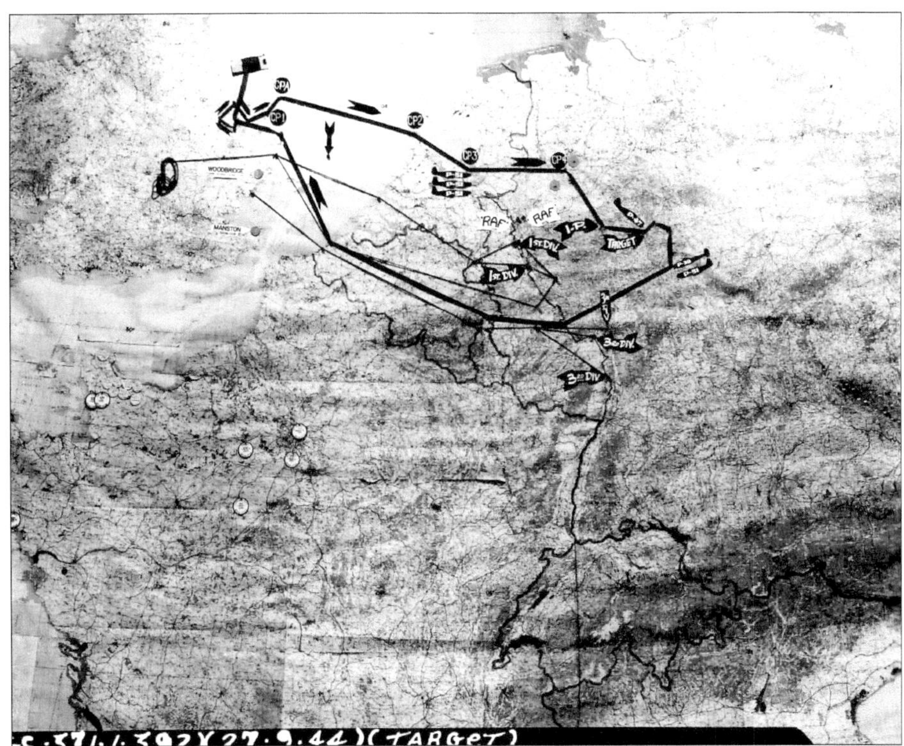

Anflugplan. USAAF

Ansammlung von Flak, der IP (Initial Point) der Punkt von dem aus der Angriff eingeleitet werden musste, Alternativen dazu und natürlich der Wetterbericht. Weiter wurde ihnen mitgeteilt welchen Jäger Begleitschutz sie haben würden und von welchen Flugzeugtypen er geflogen würde.

Nach dem Start der 445th Bomb Group und der anschließenden Sammlung der Flugzeuge über der Nordsee flogen sie, zusammen mit den anderen Bomber Gruppen in 23.500 Fuß Höhe in Richtung Deutschland. Der Blick nach unten war von einer dichten Wolkenschicht verwehrt. Die Fernsicht über den Wolken war hingegen sehr gut. Es gab keine Feindberührung und Lt. George hatte keinen Grund zu der Annahme, dass irgendetwas nicht stimmte. Erst als die Navigatoren über das Intercom der Maschine darüber diskutierten, dass sie den richtigen Kurs verlassen hatten, ahnte George, dass das Ziel vor ihnen nicht Kassel war. Was ihn aber noch mehr ärgerte war die Tatsache, dass die zwei Navigatoren die Funkstille gebrochen hatten. Die Deutschen hörten mit und ihm war klar, dass sie jetzt wussten, dass eine ganze Bombergruppe auf falschem Kurs und ohne Jagdschutz war. Die 445th Bomb Group musste nicht mehr lange warten bis die Deutschen diese Trumpfkarte ausspielten.
Die Amerikaner warfen ihre Bomben ab und machten sich auf den Heimweg. Die anderen Gruppen der Division waren zu diesem Zeitpunkt schon gut 100 Meilen weiter westlich. Ebenso ihr Begleitschutz.
George berichtet weiter, dass ihr Heckschütze Watts ihm zurief: *„Da kommen Jäger von hinten auf uns zu“*. George sagte: *„Das ist großartig“. – Watts erwiderte: „Aber es sind nicht unsere“*. Weil die FW-190 von hinten kamen konnte George sie nicht sehen. Er wusste aber, dass sie da waren, denn sie bekamen fortwährend Treffer und auch die eigenen Bordwaffen begannen zu feuern. Der rechte, ihm am nächsten liegende Motor begann zu brennen. Verbindung zur Besatzung im hinteren Teil konnte er nicht mehr aufnehmen. Die interne Sprechfunkanlage war durch das sich schnell ausbreitende Feuer bereits zerstört. George drückte auf die Alarmklingel und half den beiden hinter ihm sitzenden Männern ihre Fallschirme anzulegen. Das waren: T/Sgt Constant S. Galuszewski, oberer Geschützturm und T/Sgt Sammy S. Weiner, Funker. Ob die Bombenschachttüren sich noch öffnen würden, war alles andere als sicher. Alles um sie herum brannte bereits – aber sie hatten Glück. George, Galuszewski und Weiner schafften den Absprung. Ob es auch die anderen geschafft hatten wussten sie nicht. Als George draußen war hatte er immer noch nicht die Gewissheit, dass er heil am Boden ankommen würde. Unmassen an Flugzeugtrümmern, Geschossen und Jägern flogen um ihn herum. So legte er, aus Angst von diesen getroffen zu werden, den größten

Teil der 23.000 Fuß im freien Fall zurück. Als er bereits den Boden sah öffnete er seinen Fallschirm und landete in einer Buche. Rings um ihn ertönte der Krach von abstürzenden Flugzeugen, von Schüssen und explodierender Munition. Bei dem Versuch sich von seinem Schirm zu befreien und am Baum herunterzuklettern sah er unter sich zwei „wunderschöne rote Füchse mit weißer Schwanzspitze“. Sie sahen wegen des großen Lärms und der ganzen unbekannten Ereignisse um sie herum sehr verunsichert und ängstlich aus. George beobachtete sie weil er dachte, dass sie nur in eine sichere Gegend fliehen würden. Nachdem er vom Baum herunter war, schlug er die Richtung ein in der die beiden Füchse verschwunden waren. Dabei rannte er Lt. Corman H. Bean, dem Co-Piloten von Lt. Schaen fast in die Arme. Für eine kurze Zeit flohen sie gemeinsam. Corman Bean entschied sich aber nach einem Tag die Flucht alleine fortzusetzen. George folgte einer Autobahn Richtung Süden. Er wollte sich in die Schweiz durchschlagen. Nach sechs Tagen, es war bereits Oktober und kalt, kam er an die Grenzen seiner physischen Leistungsfähigkeit. Hungrig und völlig entkräftet stellte er sich und es begann das übliche Prozedere. Verhör in Oberursel und Gefangenschaft in Stalag Luft 1 in Barth. Nur er, Galuszewski und Weiner überlebten am Ende. Auch Lt. Brent hatte den Absprung überlebt – aber nicht lange. Er wurde nach seiner Gefangennahme in eine kleine Kneipe in Renda, in der Nähe von Ulfen gebracht. Dort sollte ihn ein Sergeant der Wehrmacht zur Polizeistation in Netra bringen. Während des Nachtmarsches fühlte sich der Sergeant bedroht und schoss in Richtung von Lt. Brent. Ob es wirklich so geschehen ist, ist zumindest fraglich. Der Angeklagte, Georg Schultheiss wurde aber während der Kriegsverbrecher Prozesse 1945–1948 in Dachau von den Amerikanern aus Mangel an Beweisen freigesprochen. Aktennummer: US 106, Fallnummer 12-1418. Im Nachhinein wurde schließlich doch ein Schuss in Tötungsabsicht bestätigt. Aber das Urteil war bereits gesprochen und bestätigt. Drei tote

Larsen. Kassel Mission Historical Society

Deutscher Flieger, nicht feststellbar, durch Amerikaner abgeschossen, auf dem Osterath brennend niedergegangen. Körper verkohlt.
Nummer des Flugzeugs 564104
in Grün 521
in Weiß 3041
in Blau 371 K

Amerikanische Flieger: Abgestürzt am 27.9.1944
1. Edward A Globie – Erkennungszeichen 0826923 T43-44
2. AB. GEO. B. Linkletter – " 33539866 T43-44
3. Donald W. Kaben – " 39571317 T43-44
4. Harold M. Mereler – " O-699562 T43-44

Die unter Nr. 240 aufgeführten Personen waren amerikanische Piloten die nach einem Luftkampf in der Gemarkung Ulfen abstürzten.

Am 21. Juni 1945 von den Amerikanern exhumiert und überführt.

Abschrift aus dem Totenbuch von Ulfen.

Ulfen Sterbebuch. Sammlung Hälbig

Besatzungsmitglieder von „Eileen“, Linkletter, Mercier und Larson fand man in Ulfen. Die Erstgrablage von Smisek und Watts ist nicht überliefert. Vermutlich befanden sie sich noch im Flugzeug, das in drei Teile zerbrochen war. Lt. Brent fand seine letzte Ruhe auf dem amerikanischen Soldatenfriedhof in Belgien.

Fünf Kilometer Luftlinie nordöstlich und ebenfalls fünf Kilometer westlich stürzten zwei weitere B-24 ab.
Die Maschine, die westlich von Lt. Brent herunter kam, bei Lindenau-Weissenhasel, war die B-24H-15-CF; Seriennummer 41-29579.

Ihr Spitzname war „Clay Pidgeon“. Die Mannschaft bestand aus neun Männern: Pilot – Lt. Oliver B Elder; Co-Pilot –Lt. Roy E Ellender; Navigator–Lt. Harold P Whidden Jr; Bombenschütze – Lt. Charles Vergos; Bordingenieur – T/Sgt Paul E DeVries; Funker – T/Sgt John J Donahue; den beiden Seitenschützen – S/Sgt Charles J Deckert Jr und S/Sgt John L Durr, sowie dem Heckschützen S/Sgt Stanley H Morse.

Elder Crew.
Kassel Mission Historical Society

Arnett, Vergos, Stewart.
Unbekannt

MACR 9387 gibt die Absturzzeit mit 12:30 Uhr an. Es dürfte aber wesentlich früher gewesen sein – gegen 11:10 Uhr. Das Flugzeug sei zu 95 % zerstört gewesen und man hätte drei Tote gefunden sowie einen Flieger gefangen genommen. KU 3061 bestätigt zwei Tote bei Weissenhasel und ihre Beisetzung auf dem dortigen Friedhof. Dies waren der Pilot Lt. Elder und der Bombenschütze Lt. Vergos, der bereits im Flugzeug von 20 mm Geschossen tödlich getroffen wurde.

Lt. Vergos ist der Mann in der Mitte. DeVries und Deckert wurden laut KU 3061 gegen 11.30 bei Eisenach aufgegriffen und in der Kaserne eingesperrt, bevor sie nach Erfurt in die Obhut der Luftwaffe überstellt. wurden. Whidden und Ellender versuchten sich, nicht sehr erfolgreich, zu verstecken und wurden bald bei Weissenhasel gefangen genommen. Morse wurde von seinen Kameraden beim Absprung aus der Maschine gesehen. Zu diesem Zeitpunkt war er bereits verletzt gewesen. Man fand ihn in Eisenach und brachte ihn ins dortige Krankenhaus. Aber es war ihm nicht mehr zu helfen, wie aus dem Eintrag im Eisenacher Sterbebuch ersichtlich wird.

Bernadino, Natale /	~~20 Jahre~~	11. 9 1944 B M W.	Fliegeropfer
Omeltschenko, Iwan	25. 2. 1921 [illegible]	30. 9. 1944 Eisenach	Res. Laz. f. Krgsgf.
Stanley, H. Morse /		27. 9. 1944 Flugzeugabsturz	USA Flieger
Baranow, Iwan	22. 6. 1900 Krinitschnaja Krs. Woronesch	4. 10. 1944 Eisenach	Res. Laz. f. Krgsgf.

Sterbebuch Eisenach 1. Sammlung Hälbig

Durrs Name steht auf der Tafel mit den Namen sechs weiterer gefallener Amerikaner, die auf dem Friedhof in Gerstungen stand. Eine Fehlinformation – er war nicht tot. Durr landete bei Gerstungen und zahlte einen hohen Preis.

Nr. 148597	14 Uhr									10. 1. 44
It. Mil. Int. Nr. 305-250	16. 9. 1944 17,30 Uhr	XVII	B	14						Fliegeropfer
Russ. Kriegsgef. Nr. 125376	2. 10. 1944 16 Uhr				14063		Bu VIII	1	45 h	2. 10. 44
USA. Flieger Nr. 32672315 T. 43/44	30. 9. 1944 13 Uhr	~~Bu VIII~~	~~2~~	~~7~~	[illegible] im Oktober 1947 [illegible]					27. 9. 44
Russ. Major Nr. 75528	5. 10. 1944 16,30 Uhr				14072		Bu VIII	1	45 i	5. 10. 44

Sterbebuch Eisenach 2. Sammlung Hälbig

Ein 20 mm Geschoss hatte ihm den linken Unterschenkel zerschmettert und ein Splitter war in sein rechtes Auge eingedrungen. Im Hospital für alliierte Flieger IX C Obermassfeld wurde er von einem amerikanischen Arzt erstbehandelt. Auch die Ärzte in diesem Lager waren Kriegsgefangene. Die meisten von ihnen Engländer, die bereits in Dünkirchen in Gefangenschaft geraten waren. Anschließend verlegte man ihn nach Bad Soden wo ein britischer Augenspezialisten das rechte Auge entfernte und durch ein Glasauge ersetzte. Zurück in Obermassfeld erlebte er dort letztendlich das Kriegsende und seine Befreiung.

John L. Durr.
Kassel Mission Historical Society

Doch was geschah mit Donahue?

Er war sicher gelandet – aber danach begann sein Leiden erst. Er kam nach Nentershausen in ein Lager für Ostarbeiter. In diesem Lager „lebten“ russische Zwangsarbeiter, die in den Kupferbergwerken für die

Donahue.
Kassel Mission Historical Society

Scala.
Kassel Mission Historical Society

deutsche Kriegswirtschaft schuften mussten. Eine Zeugin beschreibt die Ankunft des Amerikaners. Sie beobachtete, wie der Amerikaner von einem Gestapokommissar zu einer Baracke gebracht wurde, wobei dieser den Gefangenen fortwährend getreten und geschlagen hat. Zwei vorbei kommende deutsche Soldaten forderten den Gestapomann auf das zu unterlassen. Er sollte einmal an die deutschen Kriegsgefangenen denken. Der Gestapo Typ sagte, wenn sie nicht sofort verschwinden würden, hätten sie das gleiche zu erwarten, wie der Ami. Im Laufe des Tages wurden noch drei weitere amerikanische Gefangene ins Lager gebracht. Einer war bei Weißenhasel gelandet und zwei kamen aus Süß. Von diesen beiden hatte einer einen Kopfverband, dem später noch eine wichtige Rolle bei der Identifizierung dieses Fliegers zukommt. Für die schrecklichen Ereignisse, die sich in der Nacht im Lager abgespielt haben gibt es ebenfalls eine Zeugenaussage. Aus dem Zimmer in dem die Gefangenen untergebracht waren, kamen laute Schreie. Der Gestapomann und seine Helfer schlugen und misshandelten die Gefangenen schwer. Gegen 24:00 Uhr seien diese Männer, stark betrunken, in die Küche gekommen um sich das Blut von den Händen zu waschen. Dabei forderten sie die Küchenfrauen auf, den Raum in dem die Gefangenen waren ebenfalls zu säubern. Die Frauen fanden auch dort große Mengen Blut an den Wänden und auf dem Fußboden. Kurz darauf hörten sie draußen mehrere Schüsse. Ein polnischer Zwangsarbeiter fand am nächsten Morgen auf dem Weg zur Arbeit einen frisch ausgehobenen Graben, der nur mit Stroh bedeckt war. Als er hineinsah fand er darin die fünf toten Amerikaner. Ihre Körper waren blau angelaufen und der Anblick sei so furchtbar gewesen, dass er schnell das Stroh wieder darüber deckte und rasch zum Bergwerk eilte. Die fünf toten Flieger wurden nach dem Krieg vom Friedhof in Nentershausen exhumiert. Dabei stellte sich heraus, dass die Ermordeten nicht aus einem Flugzeug stammten, sondern aus drei verschiedenen Maschinen. Neben Donahue aus der B-24 „Clay Pigeon“ gehörten zwei, der im Arbeitslager ermordeten Flieger zur B-24H-25-CF, mit dem Spitznamen „King Kong“. Pilot war James C Baynham. Absturzort Braunhausen. Die beiden Opfer hießen John W Cowgill, Navigator und Hector V Scala, Bombenschütze.

Fields.
Kassel Mission Historical Society

Und es gab noch ein drittes Opfer dieser B-24. James T Fields, der Funker wurde gleich nach seiner Landung am Ortsrand von Nentershausen gefasst.

Auch er musste Tritte und Schläge ertragen. Man riss ihm seine Kleider vom Körper und ein deutscher Soldat, der gerade auf Heimaturlaub war schoss ihm schließlich aus nächster Nähe zwei Kugeln von hinten in den Kopf. Das vierte Mordopfer im Arbeitslager hieß Newell W Brainard, Co-Pilot der B-24J-125-CO mit dem Spitznamen „Patches“.

Brainhard.
Kassel Mission Historical Society

Diese Maschine stürzte bei Iba ab. Brainard lag dort mit einer schweren Kopfverletzung unter seinem Fallschirm. Er wurde nach Süß gebracht und medizinisch versorgt. Doch das Schicksal war ihm nicht gnädig. Er und ein weiterer Gefangener (Cowgill oder Scala) sollten in Süß von der Luftwaffe abgeholt werden. Ihre Mörder waren schneller. Als die Luftwaffe ankam, waren die beiden schon im Arbeitslager und wurden gefoltert.

Diese Verbrechen blieben für die Mörder jedoch nicht ohne Folgen. Einer von ihnen, Name Hellwig, Vornahme nicht übermittelt, von der Gestapo in Kassel, entzog sich seiner Verantwortung durch Selbstmord in den letzten Tages des Krieges. Die anderen wurden angeklagt in den Kriegsverbrecher Prozessen von 1945–1948. Aus der Aktennummer US049, Fallnummer 12-551, Vereinigte Staaten gegen Josef Ehlen und andere, geht hervor, das folgende Urteile gefällt. und auch vollstreckt wurden.
Angeklagter:
– Baese, Martin, wegen Beihilfe zum Mord – Sechs (6) Jahre Haft.
– Beck, Reinhard, ebenso. Vier (4) Jahre Haft. Nach Revision und Neuverhandlung – Freispruch.
– Ehlen, Josef, Tod durch den Strang. Vollstreckt in Landsberg.
– Müller, Franz, wegen Beihilfe zum Mord – Sechs (6) Jahre Haft.
– Viehl, August, Tod durch den Strang. Vollstreckt in Landsberg.
– Winkler, Paul, Tod durch den Strang. Vollstreckt in Landsberg.
Unter der Aktennummer US050 befindet sich die Fallnummer 12-551-1, Vereinigte Staaten gegen Karl Eggert. Auch in diesem Fall wurde die Todesstrafe verhängt und in Landsberg vollstreckt.

Wie dicht Glück und Unglück, Leben und Tod beieinander sind zeigt der Fall der Toten von „King Kong".
Diese B-24H-25-CF; Seriennummer 42-50383 mit den Besatzungsmitgliedern Pilot: Lt. James C Baynham; Co-Pilot: Lt. Charles M Bousquet; Navigator: Lt. John W Cowgill; Bombenschütze: Lt. Hector V Scala; Bordingenieur: T/Sgt. Howard L Bolt; Funker: T/Sgt. James T Fields; Rechter Bordschütze: S/Sgt. Olen C Byrd; Linker Bordschütze:S/Sgt. John R Lemons Jr und dem Heckschützen: S/Sgt John W Knox stürzte nicht weit entfernt von „Clay Pidgeon" und etwa eine Meile nordöstlich von Braunhausen ab. Der Pilot James C Baynham kam etwa 3 km entfernt von seinen später ermordeten Kameraden in Mönchhosbach an seinem Fallschirm herunter. Auch ihm drohte zunächst Gefahr durch aufgehetzte Zivilisten. Aber ein Engel stand ihm bei. Ein junges Mädchen aus dem Ort beschwichtigte den Zorn ihrer Mitbewohner und er kam mit dem Leben davon – drei Kilometer entschieden zwischen Leben und Tod. Das ist wohl Schicksal. Ebenso das Ereignis von 2010 in Mönchhosbach. James Baynham traf seine Retterin Lina Eberhardt in Mönchhosbach nach 66 Jahren wieder. Lina kann sich noch genau an die Landung des Fallschirmspringers erinnern. Es sah so aus, als ob er mir zuwinkte. Baynham erwiderte: Wenn Sie damals, mit 17 schon genauso hübsch waren, wie heute, dann habe ich Ihnen ganz sicher zugewinkt.

Die Gefangennahme und Erlebnisse der anderen Besatzungsmitglieder von „King Kong“ werden im Buch „Luftkrieg im Raum Eisenach-Gotha-Hainich-Werratal-Thüringer Wald 1943-1945“, Hälbig/Lämmerhirt, Verlag Rockstuhl durch den Flieger S/Sgt. John R Lemons Jr ausführlich beschrieben.

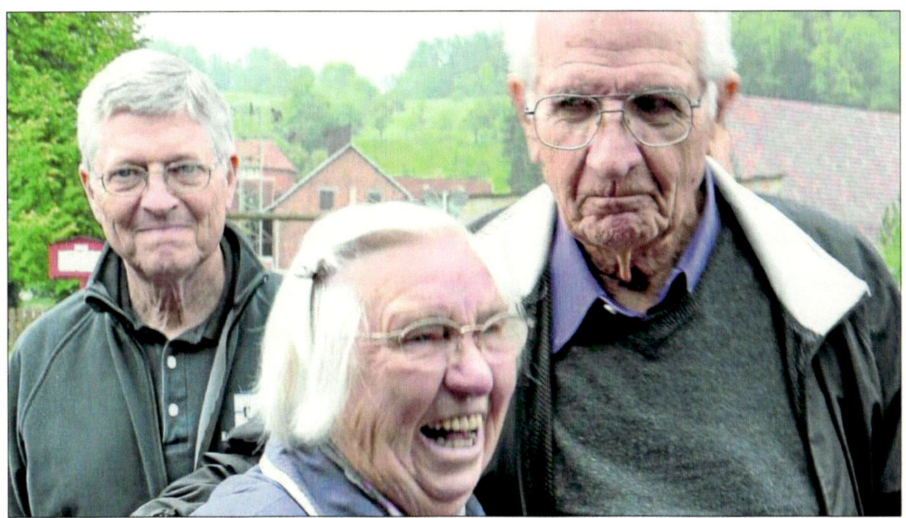

Baynham und Retterin. Sammlung Hälbig

Jim und Söhne im Kassel Museum. Sammlung Hälbig

Lemons Landestelle und Bill Dewy. Sammlung Hälbig

S/Sgt Olen C Byrd wurde bei Neustädt gefunden und hatte dort bis zur Exhumierung seine Erstgrablage. Seine letzte Ruhe fand er auf dem amerikanischen Soldatenfriedhof in Belgien Abschnitt A, Reihe 23, Grab 7. Ray Lemons besuchte den Ort an dem er gelandet war und auch der Pilot Baynham holte sich, zusammen mit seinen Söhnen „ein Stück" von „King Kong" im KMHS Museum in Eisenach.

Aber das Morden war noch nicht zu Ende. Die zweite B-24, die etwa 5 km nordöstlich von Lt. Brent abstürzte war die B-24J-5-DT, „Fridget Bridget". Sie zerschellte am Erbberg bei Breitau. Die Besatzung bestand aus Lt. Joseph E. Johnson, Pilot; 2Lt. Edward M. Kelly, Co-Pilot; FO James E. Dowling, Bombardier; S/Sgt Alan M. Baldwin, Waist Gunner; 2Lt. Herbert M. Bateman, Navigator; 2Lt. William E. Flickner, Frontschütze-Navigator; T/Sgt Charies H. Reilly, Funker; S/Sgt Rubin J. Sisco, Waist Gunner; S/Sgt Floyd L. Jackson, Heckschütze und T/Sgt Arthur F. Eisenman, Oberer Schütze.

Johnson Crew. Kassel Mission Historical Society

Der Bombenschütze James E. Dowling gibt nach dem Krieg während einer Befragung folgende Erklärung ab (frei übersetzt):

Die Jäger rasten durch unsere Gruppe (Bombergruppe), die hart getroffen wurde und auseinander driftete. Beim zweiten Angriff wurde unsere Maschine von 20 mm Geschossen durchlöchert. Ebenso der Navigator (Bateman). Die Klappen des Bugrades flogen davon und Bateman drohte herauszufallen. Ich griff nach seinen Beinen und wollte ihn wieder in die Maschine ziehen. Aber der Sog war zu stark. Er fiel ohne einen Fallschirm nach unten. Soweit ich es beurteilen kann, war er zu diesem Zeitpunkt, wegen die schweren Verletzungen durch die 20 mm Geschosse, schon tot. ... Nach meiner Gefangennahme erzählten mir Mitglieder einer anderen Flugzeugbesatzung, dass man den Körper von Lt. Bateman gefunden habe. Er und andere tote Flieger seien auf einen Lastwagen geladen und nach Eisenach gebracht worden. Das stimmte nicht. Die Leiche von Bateman wurde bei Lauchröden gefunden und gehörte zu den toten Amerikanern, die auf dem Judenfriedhof begraben waren. Dowling, Reilly, Eisenman, Kelly und Jackson wurden nach ihrer Landung im

Raum Eisenach aufgegriffen. Sisco nahe Schwarzenhasel. Baldwin kam in einem Waldgebiet herunter, wo er auf S/Sgt Ledien traf. Dieser gehörte zur Mannschaft von Lt. Carrow, deren Co-Pilot der in Nentershausen ermordete Lt. Brainard war. Baldwin und Ledien setzten ihre Flucht gemeinsam fort, bis sie schließlich am 3. Oktober 1944 in Gefangenschaft gerieten. Von Flickner hatte man zunächst keine Informationen. Man nahm an, dass er im Flugzeug war als dieses abstürzte und seine Leiche dabei verbrannt sei. Doch Flickner hatte überlebt und war auf der Flucht. Irgendwann traf auch er auf einen Kameraden aus einem anderen Flugzeug der 445th BG und sie flohen gemeinsam – bis sie in der Nacht vom 6. auf den 7. Oktober 1944 gefasst wurden. Während dem einen erneut die Flucht gelang, sollte Flickner von einem Polizisten nach Ersrode gebracht werden. Dabei wurde er „auf der Flucht" erschossen. 1945 wurde der Polizist von den Amerikanern verhaftet, beging aber Selbstmord bevor man Anklage gegen ihn erhoben hatte. Nach der Exhumierung der Leiche von Flickner und der Umbettung nach St. Avold wurden fünf Einschüsse im Rücken des Toten festgestellt. Zwei weitere eindeutige und geahndete Mordfälle ereigneten sich in Hattenrod und sollen der Vollständigkeit halber aufgeführt werden. Für unsere unmittelbare Heimatgeschichte

Bruland Crew. Kassel Mission Historical Society

haben sie keine Relevanz. Für das grausame, verbrecherische Geschehen vom 27.09.1944 aber sehr wohl. Die B-24H-15, DT 41- 28922 mit dem Spitznamen „Texas Rose“ der 701. Bomber Squadron wurde vom Piloten Lt. Palmer M. Bruland gesteuert.

Nach der ersten Attacke der Deutschen Jäger war ihm klar, dass die Maschine, deren innerster Motor an der rechten Tragfläche bereits stark brannte, keine Chance mehr hatte. Der Treibstoff konnte jeden Augenblick hochgehen. Er gab das Zeichen zum Absprung. Das Flugzeug flog führerlos weiter, bis es über dem Schiffenberg bei Gießen explodierte. Alle Besatzungsmitglieder kamen wohlbehalten am Boden an und wurden nach und nach gefangengenommen. Für zwei von ihnen endete das Geschehen dennoch tragisch. Lee R. Huffman und Ferdinand K. Flach, beide mit deutschen Wurzeln, wurden zum Bürgermeister von Hattenrod gebracht. Anschließend fuhren ein gewisser Karl Georg Boess und ein Hauptmann Hermann Noack mit den beiden Gefangenen zurück in den Wald um angeblich ihre Fallschirme zu bergen. Dort erschoss man Huffman und Flach und verscharrte sie zunächst an Ort und Stelle. Später brachte man sie auf den Gemeindefriedhof nach Harbach und heute ruhen beide auf dem amerikanischen Soldatenfriedhof in Margraten, Holland. Die Amerikaner fassten beide Täter nach dem Krieg und machten ihnen den Prozess. In der Akte US040, Fall Nummer 12-472 steht das Strafmaß: Boess – 8 Jahre Haft; Noack – Tod durch den Strang. Das Todes Urteil wurde im März 1947 vollstreckt.
Diese Prozesse waren kein leichtes Unterfangen – für beide Seiten – Ankläger und Angeklagte. Man kann Recht aus individuellen Motiven ebenso herleiten, nachvollziehen und verstehen, wie aus einer kollektiven Verantwortung heraus. Der Sohn von Karl Georg Boess war am 09.09.1944 bei einem Tieffliegerangriff getötet worden. Ob Noack wirklich geschossen hat oder ob er Opfer einer Denunziation durch ein NSDAP Mitglied (des wahren Schützen) wurde, ist nicht ganz sicher geklärt worden. Kann man nicht auch den Vater verstehen, der seinen Sohn verloren hat? Obwohl er durch seine Tat vom Opfer zum Täter wird! Noack wird nicht als „Monster“ beschrieben. Aber hat der Krieg eines aus ihm gemacht? Im Krieg tun Menschen Dinge, die sie nicht für möglich gehalten hätten. Viele Familien zerbrachen, weil sie nicht verstehen konnten, was ihre Liebsten anderen angetan hatten. So im Fall Flickner. Die Familie des Todesschützen hat ihr ganzes Leben lang unter seiner Tat gelitten und sein Selbstmord, das „Geständnis“ seiner Tat, hat eine Lücke in diese Familie gerissen, die sie nie wieder ersetzen oder ausfüllen konnte. Die jungen, im Durchschnitt 19–23 Jahre alten Amerikaner haben Bomben auf Deutschland geworfen und viel Leid erzeugt. Waren sie sich dieses Handelns

und ihrer Tragweite bewusst? Aus 7.000 Meter Höhe sieht man weder die Zerstörung noch das verursachte Leid. Gab es anderen das Recht sie nach der Landung, wehrlos, zu erschießen, in einem Krieg den Deutschland begonnen hatte? Wem man die Schuld gibt, muss jeder für sich selbst entscheiden. Sollte aber bei dieser Entscheidung, die Erkenntnis nicht erlangt werden, das immer der „kleine Mann“ und nur der „kleine Mann“ für alles bezahlt, dann sei ein nochmaliges Überdenken empfehlenswert.
Ein letzter Fall befasst sich mit dem Schicksal von Lt. Harold P Allen, Co-Pilot der B-24H-15-CF, Seriennummer 41-29542, Spitzname: „Roughhouse Kate“. Die Todesursache von Lt. Allen ist nicht ganz eindeutig, deutet aber auf ein Verbrechen hin. Die weitere Besatzung von „Roughhouse Kate“ bestand aus dem Piloten Lt. Howard A Jones; Navigator Lt. Robert J Fulton; Bombenschütze Lt. Joseph A Wilski; T/Sgt. Andrew Fratta, oberer Geschützturm; Funker T/Sgt. William C Stremme; S/Sgt. Milton H Lee, vorderer Schütze; S/Sgt. Warren B Pendelton und S/Sgt. Willis A Meier, Seitenschützen und S/Sgt. Raymond J Paulus, dem Heckschützen.

Nachdem die B-24 schwere Treffer abbekommen hatte, war ihnen schnell klar, dass sie sich in einer hoffnungslosen Situation befanden. Lt. Jones gab das Zeichen zum Aussteigen. Offensichtlich ließ er den Autopiloten einge-

Back Row, L-R: Pilot, Lt. Jones; Bombadier Lt. Wilski; Navigator Lt. Ginger; Co-Pilot, Lt. Allen; Radio, T/Sgt. Stremme; Engineer, T/Sgt. Fratta.
Front Row, L-R: Gunner, S/Sgt. Meier; Gunner, S/Sgt. Pendleton; Gunner, S/Sgt. Lee and Gunner S/Sgt. Paulus.

Jones Crew. Kassel Mission Historical Society

schaltet, denn die führerlose Maschine flog einen großen Bogen. Sie nahm fast wieder den alten Kurs ein, flog quasi zurück. „Roughhouse Kate" drehte etwa bei Krauthausen ab, überflog Creuzburg, Schnellmannshausen, Treffurt, Wanfried. Sie zerschellte, nachdem sie auseinandergebrochen war, in einem Waldstück bei Lengenfeld unterm Stein/Döringsdorf. Nach einer Aussage im MACR 9570 von T/Sgt. William C Stremme sprangen Lee, Fulton und Wilski kurz vor ihm ab. Im gleichen Dokument wird von den Deutschen im KU 3045 festgehalten, dass Wilski und Fulton gegen 10:45 Uhr bei Creuzburg gefasst worden sind. Man kann davon ausgehen, dass auch Lee unter ihnen war, da sie alle drei nach Aussage von Stremme vor ihm das Flugzeug verlassen hatten. Überlebende Kameraden berichteten weiter, dass Andrew Fratta bereits im Flugzeug starb, nachdem er von 20 mm Geschossen in den Kopf getroffen worden war. Ebenso verstarb Raymond Paulus, der Heckschütze, in der Maschine. Geschosse hatten die Hydraulikleitungen des hinteren Geschützstandes getroffen und die Uniform von Paulus war von der Hydraulikflüssigkeit durchnässt. Ein weiteres Geschoss entzündete die Flüssigkeit und Paulus verbrannte noch während des Fluges. Beide Leichen wurden später in Döringsdorf in der Maschine gefunden. Pendleton und Meier griff man leicht verwundet in der Nähe der Absturzstelle, bei Lengenfeld unterm Stein auf und brachte sie in ein Lazarett nach Eschwege. In einer sehr aufschlussreichen Schadensmeldung bei Luftangriffen findet man ein Schreiben mit Hinweisen auf das Schicksal der drei noch verbliebenen Flieger: Der Landrat, Nr. L12, vom 27. September 1944, Mühlhausen: *„Bei Wendehausen, Grossburschla und Effelder ist am 27.09.1944 gegen 10:45 Uhr je ein amerikanischer Flieger im Fallschirm abgesprungen, davon einer verwundet. Die Flieger sind durch Gendarmerie festgenommen worden. Abtransport ist durch Wehrdienststelle Eschwege erfolgt."* Und ein weiterer Hinweis ist in einem Schreiben des Gendarmerie Posten Treffurt nachzulesen: Treffurt, den 28.09.1944, An den Herrn Gendarmerie Kreisführer in Mühlhausen: *„... Von der Zivilbevölkerung wurde außerdem noch ein abgesprungener amerikanischer Pilot festgenommen. Dieser wurde von mir nach Treffurt und dann mit einem weiteren abgesprungenen feindlichen Piloten von Wendehausen nach Eschwege gebracht."* Bei den Gefangenen von Wendehausen und Grossburschla muss es sich um den Piloten Lt. Jones und den Funker T/Sgt. Stremme gehandelt. haben. Der Verletzte Flieger von Effelder war demzufolge der Co-Pilot Lt. Allen. Nach den Aussagen seiner Kameraden war er beim Absprung in bester gesundheitlicher Verfassung und wohl auch bei seiner Landung. Allen wurde später von einem Besatzungsmitglied im Lazarett in Eschwege auf einem Behandlungstisch gesehen – lebend. Dennoch stellte Hauptmann Dr. Schmid gegen 18:30 Uhr den Tod von Allen fest und füllte um 19:00 Uhr den Totenschein aus.

Todesursache: Vermutliche innere Verletzungen von Lunge und Leber. Äußere Verletzungen: Zerbissene Zunge und Blut aus Mund und Nase. Zum Tode führten offensichtlich starke innere Blutungen. Das passt zur Schilderung eines Wachsoldaten, der einem amerikanischen Gefangenen erzählte, dass der Verstorbene nach der Landung von einem deutschen Zivilisten brutal zusammengeschlagen worden sei. Weitere Zeitzeugen bestätigen dies, sowie das dieser Zivilist nie belangt wurde und bis vor wenigen Jahren unbehelligt nahe der Absturzstelle der B-24 „Roughhouse Kate" lebte.

Allen. Sammlung Hälbig

Bombenangriff auf Großburschla am 27. 09. 1944? und andere offene Fragen

Die Luftschlacht vom 27. September 1944 über Thüringen und Hessen – Teil 13

Das bereits erwähnte Dokument über die Schadensmeldung nach Luftangriffen (im Abschnitt: Die Morde) ist in einer weiteren Hinsicht sehr interessant. Es stellt eine Kernaussage über den Verlauf der Ereignisse vom 27.09.1944 in Frage. Man war immer davon ausgegangen das die 445th BG alle ihre Bomben bei Göttingen abgeworfen hatte. Daran gibt es, nachdem was in besagtem Dokument steht, begründete Zweifel:
Der Landrat, Nr. L12, Mühlhausen, den 27. September 1944.
„Bei Grossburschla sind am 27. September 1944 gegen 10:45 Uhr 7 Sprengbomben mittlerer Größe, davon 6 Blindgänger abgeworfen worden. Geringer Schaden an der Wasserleitung und leichter am Dach eines Hauses. Verluste keine“.
Hiernach kommt die Schilderung der Gefangennahme der amerikanischen Flieger.
Auch vom Gendarmerie Posten Treffurt gibt es wieder eine Mitteilung an den Herrn Gendarmerie Kreisführer: *„... Eine Bombe fiel etwa 50 Meter von der Straße Grossburschla–Weißenborn hinter einem Siedlerhaus. Von diesem Doppelhaus wurde das Dach leicht beschädigt. Die Fensterscheiben an der hinteren Hausfront waren ebenfalls zertrümmert. In der näheren Umgebung wurden noch von einigen Häusern die Dächer leicht beschädigt. Auch sind einige Treibhaus- und Mistbeetfenster arg mitgenommen. An Dachziegeln sind etwa 300 und an Fensterglas etwa 120 qm verloren gegangen. Außerdem ist ein Wasserleitungsrohr durchschlagen. ... Nach genauen Feststellungen sind aber, soweit ich beurteilen kann, nur zwei Blindgänger festgestellt worden. Davon liegt einer 50 Meter südlich und ein anderer 50 Meter nördlich der angegebenen Straße an der Unfallstelle. Ein weiterer Bombenkrater derselben Größe befindet sich 500 Meter südlich Grossburschla in der Richtung nach dem Heldrastein zu. Diese Bombe fiel auf den Acker und hat keinen weiteren Schaden verursacht. ... Die Schilder „Vorsicht Blindgänger“ wurden an den fraglichen Stellen angebracht.“*
Anschließend erfolgt auch hier wieder der Hinweis über die Gefangennahme der Amerikaner.

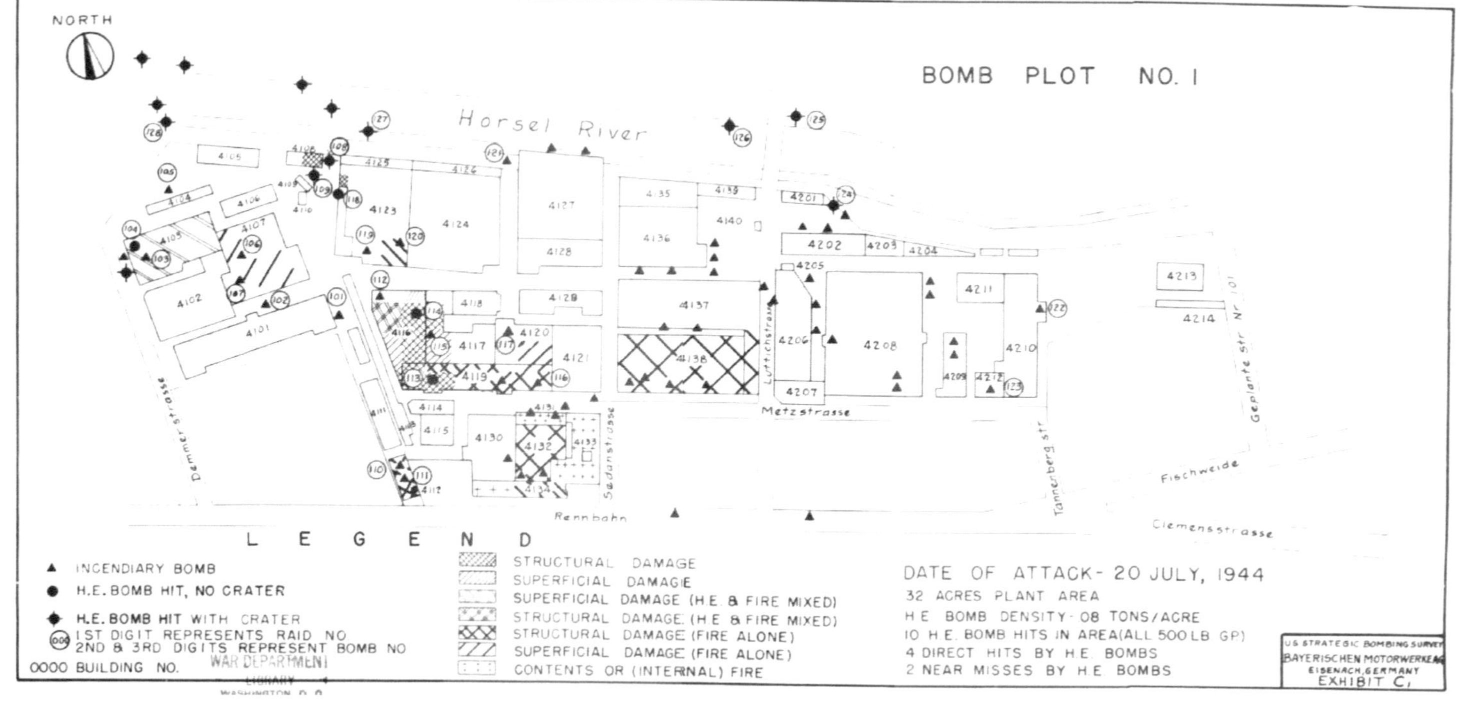

USSBS Dürrerhof. USAAF

Das Bild zeigt das Trefferbild von 130 Bomben auf das BMW Werk an der Rennbahn in Eisenach vom 20. Juli 1944. Hierbei handelte es sich um kleinere 500 lbs Sprengbomben, denn dieser Angriff wurde von B-17 Bombern ausgeführt. Das Zerstörungspotential auf dem Feld (3x3x2 Kilometer) bei Rosdorf, Gross-Ellershausen und Grone war etwa 30 % größer.

Die Zeit der Gefangennahme der drei amerikanischen Luftwaffenangehörigen und die Zeit der Bombeneinschläge, 10:45 Uhr stimmen überein. Auch das Kaliber der abgeworfenen Bomben von Göttingen und Großburschla. Das Großburschla ein ausgewiesenes Bombenziel war darf mit Sicherheit bezweifelt werden. Nicht einmal Eisenach hatte genügend „Attraktivität" für die alliierten Bomberflotten, trotz der erlebten und erlittenen Angriffe, mit insgesamt 360 Opfern (in dieser Zahl sind 43 durch Tiefflieger oder Artillerie Beschuss getötete Menschen aus dem letzten Kriegsmonat enthalten). Hinzu kommt, dass das bombardierte Gebiet bei Göttingen nicht das Ausmaß der Zerstörung hatte, das durch den Abwurf einer ganzen Bomber Gruppe verursacht worden wäre.

Man stelle sich vor das 32 B-24 Bomber jeweils 6 (1.000 lbs) Sprengbomben, also 192 Stück über einem relativ kleinen Gebiet ausklinken. Dazu kommen noch 6 kleinere (500 lbs) Bomben der drei „Pfadfinder" B-24, dann ergäben das 198 Bombenkrater mit einem Durchmesser von 3 Meter und einer Tiefe von fast 70 Zentimeter.

Göttingen. Kassel Mission Historical Society

Doch man zählte dort nur 105 Bombenkrater. Wo war der Rest geblieben? Die Bomben auf Großburschla und die drei gefangen genommenen Amerikaner gehören zusammen. Die Gleichzeitigkeit beider Ereignisse korreliert mit dieser Annahme. Sie sind Teil der desaströsen Geschichte der 445th BG an diesem 27.09.1944. Die anderen am Angriff auf Kassel beteiligten Bomber Gruppen kommen nicht in Frage. Sie waren als mögliche Verursacher dieser Bombenabwürfe schon zu weit weg. Nur die „streunende“ 445th BG, die ohne Begleitschutz versuchte zurück nach England zu kommen, kommt dafür in Frage. Das nicht alle Bomben bei Göttingen ins Feld gefallen sind, deckt sich ebenfalls mit der Aussage von Parker Trefethen, dem Bombenschützen der Führungsmaschine von Chilton/McCoy. Während eines Interviews mit Erlyn Jensen, der Schwester von Major McCoy am 05.10.2006 antwortete Parker auf die Frage von Erlyn: *„Hattet ihr schon alle Bomben abgeworfen?“* – *„Nein“*. Erlyn wiederholte ihre Frage: *„Ihr hattet eure Bomben noch nicht abgeworfen?“* – Parker: *„Nein. Ich sah wie das Feuer im Bombenschacht ausbrach und deswegen machte ich mir große Sorgen mit den Bomben an Bord“*. Bei einem Besuch mit Erlyn bei Parker in Anacortes, Washington sprach ich dieses Thema erneut an und bekam die gleiche Antwort. Hinzuzufügen ist, dass Parker zu diesem Zeitpunkt bei bester Gesundheit war – physisch und psychisch. Er war ein „Schelm“ und „Charmeur“, bei den Schwestern sehr beliebt.

Parker Trefethen. Sammlung Hälbig

Er erzählte mir auch von den letzten Momenten, die er an Bord verbrachte und von seinem Fallschirmabsprung bei Friedlos in Hessen, der ihn geradewegs in einem Baum landen ließ. Parker: *„Ich landete in einem Baum und blieb an einem Ast hängen. Durch mein Körpergewicht brach der Ast ab und ich stürzte auf den Waldboden. Ich versteckte meinen Fallschirm und lief zu einer nahen Landstraße. Dort kamen drei Männer mit Sägen und Äxten auf mich zu und ich dachte bei mir – das war' s. Als sie nahe genug heran waren sagte ich: Ich bin Amerikaner. Sie ließen ihre Werkzeuge fallen und rannten auf mich zu. Sie drückten und küssten mich. Ich konnte kein Wort von dem verstehen, was sie sagten. Es könnten Polen oder Jugoslawen gewesen sein. Auf jeden Fall waren sie Zwangsarbeiter, die im Wald arbeiten mussten. Ich hatte meinen Kompass verloren. Wir malten einen Kreis auf die Straße und sie zeigten mir darauf, wo Süden und Westen war. Sie brachten mich bis zu einer Autobahn und sagten ich solle mich Richtung Süden halten.“*
Das Schlimmste, so Parker, sei nicht der Hunger sondern der Durst gewesen. Rohe Kartoffeln und Möhren linderten den Hunger. Den Durst stillte er, indem er seinen Fliegeranzug in Regenpfützen tauchte und später, wenn er es gar nicht mehr aushielt, daran saugte. Parkers Flucht war am 10. Oktober 1944 zu Ende. Er wurde bei Ginsheim in der Nähe von Wiesbaden gefasst. Niemand von seinen Kameraden war so weit gekommen. Parker meinte dies sei ihm womöglich nur gelungen, weil er einmal Eagle Scout auf dem Appalachian Trail gewesen sei. Zum Zeitpunkt von Parkers Gefangennahme waren seine Kameraden entweder tot, im Lazarett oder bereits auf dem Weg ins Kriegsgefangenlager. Sein Flugzeug, die B-24J-5, FO 42-51541 zerbrach in zwei Teile und stürzte bei Friedlos in den Wald. An der Stelle, wo das Cockpit aufgeschlagen ist, befindet sich heute das Deutsch-Amerikanische Fliegerdenkmal, das an diese Luftschlacht erinnert. Die Mannschaft bestand aus: Lt. John H. Chilton, Pilot; Maj. Don W. McCoy; Lt. Harold E. Sutherland, Co-Pilot; Lt. Raymond E. Ische; Navigator; Lt. Cloys V. Johnson, Navigator; Lt. Carlton V. Hudson, Navigator; Lt. Parker S. Trefethen, Bombenschütze; T/Sgt Howard L. Sturdy, Oberer Schütze; T/Sgt William J. Sloane, Funker; S/Sgt Robert E. Shay, Linker Seitenschütze; S/Sgt Merle R. Briggs, Rechter Seitenschütze; S/Sgt Glen S. McCormick, Kugelturmschütze und S/Sgt Donald W. Mills, Heckschütze.

Die Anwesenheit eines Majors und die 13 köpfige Besatzung weisen bereits darauf hin, dass es sich hier nicht um eine „normale“ B-24 gehandelt. hat. Es war das Führungsflugzeug der gesamten Bomber Gruppe, das mit spezieller Radartechnik ausgestattet war. Am 27.09.1944 hatte diese aber wohl nur mangelhaft funktioniert, was der 445th Bomb Group schließlich zum Verhängnis wurde. Chilton, McCoy, Sutherland, Ische und Shay starben. McCoy, rechts von Jimmy Stewart, war mit 23 Jahren bereits Major und hätte mit Sicherheit eine große Kariere vor sich gehabt.

U.S. Army Air Forces
703rd Bomber Squadron - 445 Bomber Group

Crew of Captain John H. Chilton

Pictured L. to R - Fromt Row Kneeling:

S/Sgt. Robert Shay Upper Turret Gunner
S/Sgt. Merle Briggs Waist Gunner
T/Sgt Howard Sturdy Engineer
S/Sgt Glen McCormick Waist Gunner
S/Sgt Donald Mills Tail Gunner
T/Sgt Bill Sloan Radio Operator

Standing L to R

Capt. John H. Chilton Pilot
1st Lt. Bob Williams Co-Pilot
1st Lt. Parker S. Trefethen Bombardier
1st Lt. Ray E. Ische Navigator

Nachdem das Bombersterben am Himmel unserer Heimat beendet war, verlagerte sich der Luftkampf Richtung Osten. Die amerikanischen P-51 „Mustangs“ waren zwischenzeitlich im Kampfgebiet angekommen und viele deut-

Maj McCoy und Jimmy Stewart. Kassel Mission Historical Society

sche Flieger mussten noch ihr junges Leben lassen. In Gotha war plötzlich die Hölle los. Zwei Luftkriegsmeldungen vom 27.09.1944 beschreiben diese Ereignisse:

Luftkriegsmeldungen vom 27.09.1944
Gegen 11:00 Uhr plötzlich scharfe Luftkämpfe über dem Stadtgebiet, die sich von Westen her fortsetzten. Auch wiederholtes Eingreifen der Flak.
Sechs Abschüsse werden im Stadtgebiet festgestellt, davon sind – leider – 5 Deutsche und 1 Amerikaner. Abfallstellen der deutschen Flugzeuge:
Garten zwischen Dorotheen-und Bismarck Straße, 1 im Ülleber Ried, 2 im Ostfeld (oberhalb der Büchelschen Autoreparaturwerkstatt und nach Seebergen zu), 1 Luftwaffenlazarett, der Amerikaner abgestürzt im Ostfeld (durch Rammstoß). Nur 1 deutscher Jäger ist gerettet.

Gotha. Sammlung Hälbig

Nachtrag zum 27.09.1944

Die Feindflieger waren in starker numerischer Überlegenheit. Bei Absturz Dorotheen-/Bismarck Straße wurde das Eckgebäude Bismarck-/Fritz-Sauckel Straße (Bäckerei Kümmerling und Gastwirtschaft Stops) nicht unerheblich beschädigt und geriet in Brand (aber schnell gelöscht). Im Luftwaffenlazarett ist ein Operationssaal erheblich beschädigt.

Luftwaffenlazarett. Sammlung Hälbig

Zeitzeugenerzählungen, die mir zur Verfügung stehen bestätigen diese Berichte und geben den Schicksalen Namen:

Zwei Jungen hatten im Eisenbahn Viadukt an der Gothaer Straße Schutz gesucht als sie plötzlich zwei FW-190 aus Richtung Sundhausen – Boilstädt heranrasen sahen, gefolgt von P-51 „Mustang“ Jagdflugzeugen der Amerikaner, die unablässig schossen.
Eine der FW-190 wurde getroffen und stürzte hinter die Bahngleise ins Uelleber Ried. Der Piloten Oblt. Günter Wasse, II./JG 300 mit seiner FW 190 A-8,

Gelbe 10, überlebte nicht. Seine letzte Ruhestätte fand er in Altenburg. Auch die andere FW-190 schaffte es nicht sehr viel weiter. Sie stürzte in einen OP-Trakt des damaligen Luftwaffenlazaretts, des heutigen Bundeswehrkrankenhauses, zerstörte einen ganzen Anbau, der nie wieder aufgebaut wurde und soll weiter 7 Todesopfer gefordert haben, die leider bis heute namenlos geblieben sind.

Für diesen Absturz in das ehemalige Lazarett kommen nur Uffz. Werner Penker, II/JG 4, in seiner FW 190 A8/R2 oder Lt. Karl-Dieter Hecker, IV/JG 3, FW 190, 681360 in Frage. Werner Penker kam ums Leben während Karl-Dieter Hecker schwer verletzt überlebte. Vielleicht ist die Antwort im „Encounter Report" von Lt. William R. Beyer zu finden. Beyer flog eine P-51 „Mustang", 376th Fighter Squadron, 361st Fighter Group. Er beansprucht für diesen Tag fünf FW 190 in der Gegend von Eisenach abgeschossen zu haben. Diese Zahl mag überzogen sein. Aber beide Seiten gaben mehr Luftsiege an, als tatsächlich Flugzeuge verloren wurden. Dies war keineswegs Absicht. Man stelle sich 35 schwere Bomber und 150 Jagdflugzeuge vor, die auf engstem Raum aufeinander losgehen. Niemand kann in einer solchen Situation sagen wer wen getroffen hat. Auch die Ortsangabe: „in der Gegend von Eisenach", ist ziemlich vage. Das liegt am Verständnis für Entfernungen und dem Interesse für geographische Orte, das bei Amerikanern und Deutschen völlig anders ausgeprägt ist. Oft riefen mich amerikanische Freunde in Eisenach an und sagten sinngemäß

Riedel. Unbekannt

etwa folgendes: *„Hallo, wir sind gleich um die Ecke, in Berlin. Können wir mal kurz vorbei schauen?“* Eisenach–Berlin, gleich um die Ecke. Für uns Deutsche wohl kaum. Im „Encounter Report“ von Lt. William R. BEYER werden Abschüsse gegen 10:45 Uhr beschrieben. Zeitlich kann das durchaus Gotha sein. Auch die Schilderung über deutsche Piloten, die aus dem Cockpit herausgekommen sind und am Fallschirm landeten, wurden in diesem Bericht erwähnt und treffen zu. Karl-Dieter Hecker hat überlebt ebenso Feldw. Helmut Wichmann bei Waltershausen. Selbst Feldw. Hans-Joachim Riedel kam bei Tüttleben lebend aus seiner Bf 109, Rote 7 heraus, bevor er am Fallschirm erschossen wurde.

Ein wichtiger Punkt in Beyers Bericht ist jedoch diese Schilderung (frei aus dem Englischen): *„Ich kam hinter einen Deutschen und wir rasten dicht über dem Erdboden entlang. Ich eröffnete das Feuer aus 75 yards und traf seinen Motor, der sofort Feuer fing. Er stürzte ab. Er stürzte in ein Haus und explodierte. Ich drehte sofort ab, weil ich so dicht hinter ihm war um nicht in den Feuerball zu geraten.“* Dies ist die einzige Schilderung von einer FW 190 die in ein Gebäude raste und deren Pilot dabei getötet wurde. Hecker hat schwer verwundet überlebt. Penker starb. Die Indizienlage weist auf Penker hin – bis vielleicht „neue – alte Akten“ gefunden werden, die Neues berichten.

Etwa zu dieser Zeit kam ein junges Mädchen aus der Schule und sah zu ihrem Entsetzen ihre schönen Pfirsiche auf der Straße liegen. Eine weitere FW-190 hatte den Luftkampf mit dem herbeigerufenen Begleitschutz der Amerikaner verloren und stürzte in den Garten des jungen Mädchens Ecke Bismarck-Straße/Dorotheen Straße.
Der Pilot konnte sich retten und wurde in einer nahe gelegenen Baumschule durch die Feuerwehr von einem Dach geborgen.
Dies war Lt. Graziadei vom II/JG 300, der in der Luftkriegsmeldung erwähnt wird: Nur ein deutscher Jäger ist gerettet. Der Motor der FW-190 hatte sich beim Aufprall vom Rest der Maschine gelöst und flog noch einige Meter weiter, bis er in der Getreidekammer der Bäckerei Kümmerling und Gastwirtschaft Stops einschlug und diese in Brand setzte.
Die Feuerwehr konnte den Brand schnell löschen und man kann auch heute noch eine Bäckerei in der Humboldtstraße (früher Dorotheen Straße) besuchen und auch eine ältere Dame, die damals ein junges Mädchen war und sich über ihre zerstörten Pfirsiche geärgert hatte, wohnt noch immer dort.
Derweilen ging es im Norden Gothas, genauer gesagt in Siebleben, noch dramatischer zu. Zwei Jungen, die sich auf einem Dachboden versteckt hatten, wurden Zeugen der folgenden Ereignisse.

Uffz. Kalchschmidt versuchte im Sturzflug durch die Wolkendecke mit seiner FW190A8/R2, Blaue 15, einer schnellen und wendigen P-51 „Mustang“ zu entkommen. Die Fw190A8/R2 war schwer gepanzert und bewaffnet, was ihr Gewicht so ansteigen ließ, dass sie nicht sehr wendig war.
Uffz. Kalchschmidt leitete ein Abfangmanöver ein und versuchte im Steigflug wieder in die Wolken zu entkommen. Aber die P-51 B „Mustang“, Serial No. 42-106627 von der 376 Squadron und der Kennung E9-W mit 2nd Lt. Leo Lamb als Piloten, war viel zu schnell und konnte nicht mehr ausweichen. Beide Maschinen stießen zusammen und zerschellten auf dem Feld hinter der Büchelschen Autoreparaturwerkstatt, auch heute noch ein Autohaus, neben der alten Flak Station in Gotha-Siebleben. Die Piloten hatten keine Chance und kamen beide ums Leben.

Leo Lamb wäre im Oktober 21 Jahre und Hans Kalchschmid im November 22 Jahre alt geworden. Das Grab von Hans Kalchschmid befindet sich heute in Witnica–Polen.

Wichmann. Unbekannt

Weitere deutsche Flugzeuge gingen an diesem Tage verloren. Lt. Hans Kramer mit seiner FW 190 A-8, Grüne 2, fiel bei Arnstadt. Feldwebel Helmut Wichmann, FW-190, IV. Sturm/JG 3 konnte seine Maschine bei Waltershausen noch verlassen, musste aber schwer verletzt in ein Lazarett eingeliefert werden.

Auch bei Stedtfeld stürzte definitiv eine FW-190 am 27.09.1944 beim Mühlkopf in den Wald. Der Pilot könnte Lt. Gerhard Dunst gewesen sein, der in einem Baum oberhalb von Hörschel fest hing und sich bei der Bergung schwer verletzte. Er kam ins Reservelazarett „Rautenkranz“ in Eisenach.

Danach verliert sich seine Spur. Ganz in der Nähe landeten auch einige Amerikaner. Von beiden existieren im Kassel Mission Museum bis heute aufbewahrte Fundstücke. Von einem der Amerikaner eine „Elgin“ Uhr, wie sie amerikanische Soldaten trugen. Sie war ihm bei der Gefangennahme abgenommen worden und die Suche nach dem Besitzer blieb bislang erfolglos.

Elgin Uhr. Sammlung Hälbig

BMW Motor. Sammlung Hälbig

Leuchtpistole. Sammlung Hälbig

Von der FW-190 gibt es ebenfalls einige Artefakte im Museum zu sehen. Die Überreste des BMW 801 Motors, die Leuchtpistole des Piloten, viele Trümmerteile der Maschine und ein sehr rätselhaftes Teil.

Bis zu seiner Identifizierung „Damenschuh" genannt, handelt. es sich um eine Halteklaue eines ETC 2000. Vier solcher Teile bildeten die Verbindung zwischen Bomben, Zusatztanks oder anderen Nutzlasten und dem Flugzeugrumpf der FW-190. Und das ist das Rätselhaf-

Damenschuh. Sammlung Hälbig

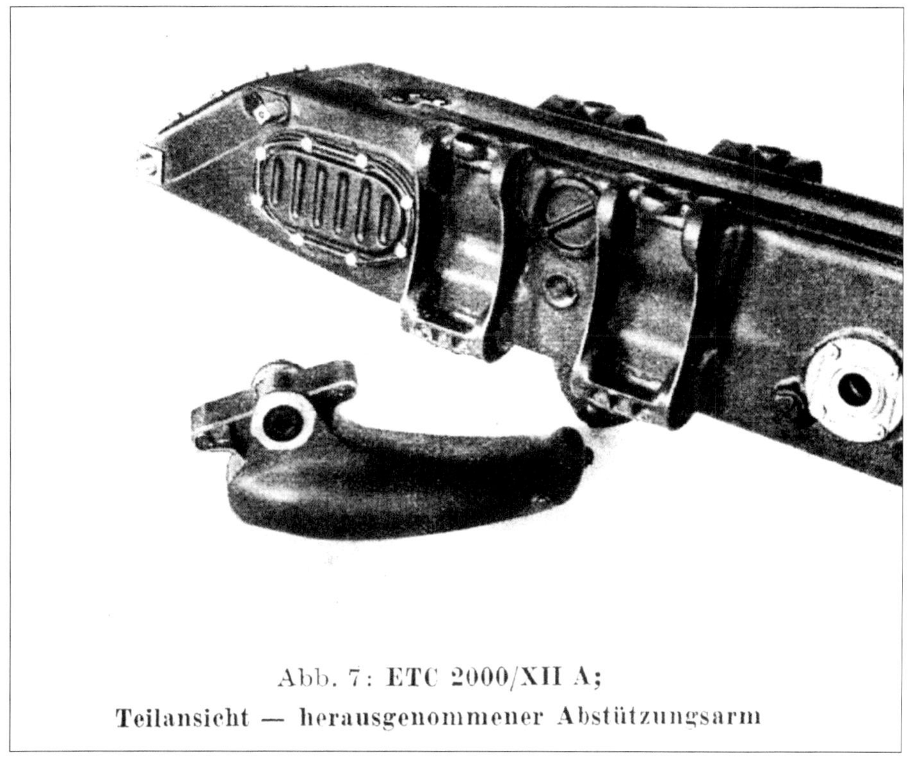

Abb. 7: ETC 2000/XII A;
Teilansicht — herausgenommener Abstützungsarm

ETC 2000. Sammlung Hälbig

te. Ein ETC 2000 wurde normalerweise von großen Flugzeugen, nicht aber von Jagdflugzeugen benutzt.

Die Luftkämpfe dehnten sich über ein Gebiet aus, das von Rüttersdorf bei Jena über Eisenach bis nach Hessen hinein reichte. Bei Rüttersdorf fiel Oblt. Emil Lübenau von der II / JG 4.

Eine komplette Übersicht über alle am 27.09.1944 abgestürzten Bomber und Jagdflugzeuge ist in der Anlage 1 und 2 aufgelistet, inklusive der entsprechenden MACR Nummern, sowie eine Kurzbeschreibung der Schicksale der Flieger. Somit ist die Vollständigkeit aller Flugzeugverluste beider Seiten lückenlos dokumentiert, was aber nicht heißt, dass die Geschichte des 27.09.1944 abschließend erzählt ist. In Archiven gibt es immer wieder etwas zu entdecken – bei entsprechendem Einsatz von Zeit und Geld.

Der 27.09.1944 war ein schwarzer Tag für die Alliierten. In sechs Minuten starben 118 ihrer jungen Flieger in der Schlacht am Himmel über unserer Heimat. In Arnheim zerstörte das II. SS-Panzerkorps unter Führung von Bittrich den Traum vieler amerikanischer Soldaten von Weihnachten in Berlin. Operation „Market Garden" war gescheitert. Es starben rund 16.800 Soldaten beider Seiten. Aber wir wissen, dass das nur die Spitze des Eisberges war. Der Krieg tobte auch im Osten und Fernen Osten und somit wurden weit mehr Menschen an diesem 27.09.1944 getötet.
Wie gehen wir damit um? War ihr Sterben umsonst oder übermittelt es uns eine Botschaft? Machen wir die Dinge besser – wie es sicher der Wunsch der Toten gewesen wäre? Erweisen wir uns ihres Opfers würdig dem wir es verdanken in einer der längsten Friedenszeiten leben zu können? Oder haben die Menschen wieder nichts dazu gelernt, wie es James C. Baynham in seiner Rede voraus ahnt. Setzt sich das Göttliche oder wieder einmal das Teuflische in unserer Welt und in uns durch? Die Zukunft wird es zeigen. Ohne unsere Anstrengungen, Bemühungen und Gebete werden wir das Gute jedenfalls nicht erhalten.

„Zusammen zu sein in Brüderlichkeit und Harmonie scheint auch in diesen Tagen an vielen Plätzen der Welt wieder unmöglich zu sein. Doch wir haben uns heute hier getroffen, weil wir die Ereignisse vor 66 Jahren bedauern, die uns im Himmel über uns schon einmal zusammen treffen ließ. Damals waren auch wir Teil einer beschämenden Kultur, die Probleme mit Blut vergießen löste. Aber wir haben auch erfahren dürfen, dass wir unsere menschlichen Schwächen überwinden können und der gute Teil in uns wieder die Oberhand gewinnt. Wir haben gelernt uns zu respektieren, zu ehren und in einigen Fällen sogar zu lieben. Wir danken Gott für die Fähigkeit so handeln zu können."

James C. Baynham (2011)

Übersicht der Amerikanischen Verluste am 27.09.1944

1. **MACR** 9383; B-24J-55, CF 44-10490 „BIG JANE“; Z+ MK 701st Deputy Lead Hi-Hi Right,

Lt. Edgar N. Walther.
A: Lauchröden – Eckweg
E: Geisler, Brower, Becker, Meeks, Vernor, Bergquist, Wise, Hollis, Mann in Lauchröden.

2. **MACR** 9384; B-24J-55, CF 44-10497; P+ IS 700th, Lt. Ralph H. Pearson.
A: Lauchröden – Herzberg
E: Stearns, Henrikson und Johnson in Lauchröden.

3. **MACR** 9385; B-24J-60, CF 44-10511; C WV 702nd, Lt. James W. Schaen
A: Gerstungen – Kohlbach
E: Schaen, Parsons, Johnson in Gerstungen und Hurt in Neustedt/Werra.

4. **MACR** 9386; B-24H-15, DT 41-28922 „TEXAS ROSE“; Q+ MK 701st, 2 Lt. Palmer M. Bruland
A: Giesen – Schiffenberg
E: Huffman, Flach in Harbach.

5. **MACR** 9387; B-24H-15, CF 41-29579 „Clay Pidgeon“; N RN 703rd, Lt. Oliver B. Elder
A: Lindenau
E: Vergos, Elder: Weissenhassel, Donahue: Nenntershausen, Morse: Eisenach

6. **MACR** 9388; B-24H-20, CF 42-50324 „Eileen“; S WV 702nd, Lt. Donald E. Brent
A: Nahe Gerbachsgrund bei Ulfen.
E: Brent in Netra, Linkletter, Mercier, Larson in Ulfen, Smisek?, Watts?

7. **MACR** 9389; B-24H-20, CF 42-50340; B WV 702nd, 2 Lt. Herbert Potts
A: Archfeld-Hachenberg
E: Potts, Zornow, Freybler, Broadway, Johnson in Archfeld.

8. **MACR** 9390; B-24H-25, CF 42-50383 „King Kong“; X WV 702nd , Lt. James C. Baynham
A: Braunhausen
E: Cowgill, Scala, Fields in Nentershausen (ermordet). Byrd in Lauchröden.

9. **MACR** 9391; B-24J-1 , DT 42-51287; Y WV 702nd, Lt. Myron H. Donald
A: Ziegenberg – 1 km N/O von Nesselröden,
E: Donald, Kielar, McEntee, Walston und Modlin in Nesselröden.

10. **MACR** 9392;B-24J-5 , DT 42-51342 „Frigid Brigit“; I RN703rd, Lt. Joseph E. Johnson
A: Breitau-Erbberg
E: Bateman in Lauchröden, Flickner (erschossen) in Ersrode.

11. **MACR** 9393;B-24J-5 , DT 42-51355; K RN 703rd, 2 Lt. Roy E. Bolin
A: Krauthausen – Madelungen
E: Alle KIA in Krauthausen bestattet.

12. **MACR** 9394;B-24J-5 , FO 42-51541; H RN 703rd , Capt. John H. Chilton
A: Seulingswald – Friedlos
E: Chilton, McCoy, Sutherland und Shay auf dem Friedhof von Friedlos.
Ische auf dem Friedhof des „Italiener Lagers“, dort noch immer vermisst.

13. **MACR** 9395;B-24H-20, FO 42-94863; T+ MK 701st, 2 Lt. William F. Golden
A: Cornberg
E: Stewart: Friedhof in Rautenhausen, Golden: Friedhof in Solz, Fallschirm hatte versagt.

14. **MACR** 9396;B-24H-25, FO 42-95078; C+ IS700th, 2 Lt. Robert N. Hansen
A: Richelsdorf
E: Hansen-Palmer-Triplett-Bode-Pile nie geborgen (Maschine explodiert)
Howell in Neustedt.

15. **MACR** 9397;B-24H-25;FO 42-95128 „Bonnie Vee“; R+IS 700th , 2 Lt. William S. Bruce
A: Richelsdorf
E: Willet-Abraham-Appleton-Hess-Paulus-Fleming-Shaffer in Richelsdorf.

16. **MACR** 9398;B-24J-105;CO 42-109789 „Mairzy Doats“; A RN 703rd, 2 Lt. Edward T. Hautman
A: Bassenheim
E: Waldron auf Friedhof Bassenheim, Hautman MIA, Tarbert eventuell X-9084 Liege.
Aber nicht eindeutig beweisbar.

17. **MACR** 9399;B-24J-125;CO 42-110022 „Patches“; F+ IS700th, Lt. Raphael E. Carrow
A: Iba
E: Austin-Tocket-Belouski-Pankoni in Iba, Brainard in Nentershausen (ermordet).

18. **MACR** 9400;B-24J-130;CO 42-110073; O WV 702nd; 2 Lt. Andrew G.Seeds
A: Lauchröden – Böller
E: Seeds-Luongo-Bibb-Sirl-Douglas-Buch-Mischel-Crowley-Wheeler in Lauchröden

19. **MACR** 9570;B-24H-15; CF 41-29542; A WV 702nd; 2 Lt. Howard A. Jones
A: Döringsdorf
E: Paulus, Fratta auf Friedhof Döringsdorf, Allen auf Friedhof in Eschwege.

20. **MACR** 9571;B-24J-5; FO 42-50961; W WV 702nd; Lt. Reginald R. Miner
A: Grebenau – Vogelbergkreis.
E: Chima in Hattenbach, Gilfoil in Lauchröden.

21. **MACR** 9572;B-24J-15; CF 42-51532" „Hot Rock"; P RN703rd; Lt. William J. Mowat
A: Honebach
E: Mowat-Williams-Neher -Groves definitive im Waldfriedhof von Wildeck. Smets-Spingler und Lello vermutlich ebenda in Gemeinschaftsgrab.

22. **MACR** 9761;B-24J-1; FO 42-50579 „Little Audry"; R+MK 701st; 2 Lt. N. Reynolds
A: Polch
E: Long in Bendorf Hospital Cemetery, Larsen in Polch.

23. **MACR** 9762; B-24H-20; DT 42-51080; U RN703rd; Lt. Richard A. Fromm
A: Hessisch Lichtenau – Reichenbach.
E: Globis Friedhof Ulfen.

24. **MACR** 9763; B-24J-90; CO 42-100308; Q WV 702nd; 2 Lt. Leslie E. Warman
A: Berlitzgrube-Wüstenwiese.
E: Warman, Johnston, Smith in Gerstungen später in Lauchröden, Costley in Salmannshausen,
Pakestein, Forster in Breitzbach.

25. **MACR** 9911; B-24H-20; CF 42-50321 „Fort Worth Maid"; V WV702nd; Lt. Carl J. Sollien
A: Herleshausen - Hahnhof
E: Stephens-Koenig- Bridgeo-Imhoff -Dent in Nesselröden.
A: Absturzstelle;
E: Erstgrablage Eb Haelbig

Übersicht der Deutschen Verluste am 27.09.1944

X 1.Landerer IV./JG 3 FW 190 – Nazza – POSEN +

X 2.Dunst IV./JG 3 FW 190 – Stedtfeld - verwundet

X 3.Rex IV./JG 3 FW 190 – Etterwinden - verwundet

O 4.Wichmann IV./JG 3 FW 190 – Waltershausen

O 5. Hecker IV./ JG 3 FW 190 – Gotha

X 6.Mett II./JG 4 FW 190 – Göringen – GERSTUNGEN +

X 7.Penker II./JG 4 FW 190 – Gotha - Hospital?

X 8.Kalchschmid II./JG 4 FW 190 – Gotha –Ostfeld
(Zusammenstoß mit Leo Lamb)

O 9. Papenberg II./JG 4 FW 190 – Sallmanshausen - verwundet

X 10. Dralle II./JG 4 FW 190 – Eschwege

O 11. Peschel V./JG4 FW 190 – bei Kassel.
Seit Operation „Bodenplatte“ vermisst.

X 12. Lübenau II./JG 4 FW 190 – Rüttersdorf, Jena

X 13. Hebeisen II./JG 4 FW 190 – Bebra-Gilfershausen

O 14. Zehart II./JG 4 FW 190 – Gerstungen, vermisst.

X 15. Lottes II./JG 300 FW 190 – Unterellen –ERFURT +

X 16. Weuack I/JG 300 Bf 109 – Neustädt – Frankfurt +

X 17. Kugel II./JG 300 FW 190 – Gumpelstadt

X 18. Wasse II./JG 300 FW 190 – Gotha / Bahndamm

X 19. Graziadei II./JG 300 FW 190 – Gotha - Bismarckstrasse - verwundet

X 20. Brunotte II./JG 300 FW 190 – Gerstungen /Werrawiesen
GERSTUNGEN +

X 21. Kühborth I./JG 300 Bf 109 – Willershausen

O 22. Keim I./JG 300 Bf 109 – Körper wurde am Siegelshof gefunden
Eb Haelbig

O 23.Kölling II./JG 300 FW 190 – Gräfentonna – BAD LANGENSALZA +

O 24. Riedel I/JG 300 Me-109 – Tüttleben

O 25. Kramer II/JG 300 FW 190 – Arnstadt

O 26. Zimdahl II/JG 300 FW 190 – Gerstungen - ERFURT +

X 27. Hauch 14.Staffel/JG 3 FW 190- Möhra – BAD SALZUNGEN +*
28 +29 - Gerth;Schaar

Literaturverzeichnis zum 27. September 1944

1. Mike Simpson: 445th BG.
2. A Navigation Error: Don Whitefield
3. David P. Overholt, 361 Fighter Group report, 27.09.1944.
4. Zeitzeugen Nazza: Heilwagen, Singwald, Kaiser. Eisenach: Heusse, Wiener. Krauthausen: Nowatzky, Madelungen: Müller
5. Luc Dewes: Cruel sky, Ringordner, Eigenverlag.
6. Kassel Mission Reports, Kassel Mission Memorial Association, INC.
7. Donald L. Miller: Masters of the Air, SIMON & SCHUSTER, New York, 2006.
8. Frau Dr. Bruhn: Stadtarchiv Tettnang
9. MACR 9393 (Bolin)
10. IDPF, Roy E. Bolin
11. OKW-Bericht vom 28.09.1944
12. 8th AF NEWS, January 1989 (15-1)
13. MACR 9384 (Pearson)
14. IDPF Sterns
15. IDPF Henrikson
16. IDPF Johnson
17. Keith Lanigan – Newspaper, date unknown – Datum unbekannt.
18. Ellis M. Woodward, „Flying School: Combat Hell“, American Literary Press, Inc.Baltimore.
19. Rolland E.Kidder, „A hometown went to War“, Sandy Bottom Press, 1996
20. KU - 559 A
21. Günter Siegmund, Erlebnisbericht, 2012 Herda.
22. Zeitungsbericht über George M. Collar, Kassel Mission Historical Society Archiv.
23. Hans-Joachim Adler – Brief vom 17. September 2009
24. MACR 9911 (Sollien)
25. American West Center, University of Utha- Saving the Legacy Project, 2005
26. MACR 9383 (Walther)

27. John Weal, „Luftwaffe –Sturmgruppen“, Osprey Publishing Limited, 2005
28. Wolf-Dieter Mische, Bremen. Erlebnisbericht 2013.
29. Gerhard Reintanz, Erlebnisbericht 2014.
30. Gesprächsnotiz George Collar während eines Besuches bei William S.Bruce
31. MACR 9397 (Bruce)
32. KU 3096
33. Material 701 Squadron, 445th BG, Mark Copeland
34. Skeletal Age Changes In Young American Males,
Technical Report EP-45,May 57.
35. Alabama – Journal; 21. Februar 1950.
36. Ronald Soika, Erfurt.
37. Dokumente vom 27./28.09.1944, Waldfisch, Archiv Meiningen
38. dtv- Atlas zur Weltgeschichte, Deutscher Taschenbuch Verlag, München 1987.
40. Paul Kennedy, Die Casablanca- Strategie, Verlag C.H.Beck oHG, München 2012.
41. www.388bg.orgBand 2
42. aircrewremebered.com
43. Erlebnisbericht von Kathol
44. MACR 9389 (Potts)
45. KU 3050
46. Brief von Mrs. Johnson, Kassel Mission Historical Society-Archiv.
47. MACR 9391 (Donald)
48. They say „ you can’t go back“ – By Ira P. Weistein
49. Sterbebuch der Evangelischen Kirche in Herleshausen.
50. 1010 und 3057
51. MACR 9763 (Warman)
52. MACR 9385 (Schaen)
53. MACR 9388 (Brent)
54. Jörg Friedrich, Der Brand, Propyläen Verlag, 2002.
55. Erlebnisbericht Lt. Eugene George
56. MACR 9387 (Elder)
57. Persönliche Aufzeichnungen von Ray Lemons und James Baynham.

58. Dachau Akten:
<u>US049</u>
Case No.12-551
(US vs Josef Ehlen et al)

59. <u>US050</u>
Case No. 12-551-1
(US vs Karl Eggert)

60. <u>US106</u>
Case No. 12-1418
(US vs Georg Schultheiss)

61. MACR 9390 (Baynham)

62. MACR 9392 (Johnson)

63. IDPF Flickner

64. Dachau Akten:
<u>US040</u>
Case No. 12-472
(US vs Hermann Noack et al)

65. MACR 9386 (Bruland)

66. MACR 9570 (Jones)

67. Dokument L12, Landrat Mühlhausen, 27.09.1944, Thür. Staatsarchiv Gotha.

68. Schreiben des Gendarmerie Posten Treffurt an Kreisführer, 28.09.1944, dto.

69. Dokument A.V. 1372/44, Totenschein Allen, Dr. Schmid, 27.09.44

70. MACR 9394 (Chilton)

71. Erlebnisberichte Gotha:
1. Frau Pfannschmidt
2. Herr Prüfer
3. Herr Günter Horn
4. Herr Maloch
5. Herrn Schmidt, Egon und Roland.

Kassel Mission

Crash Sites

Fighter attack

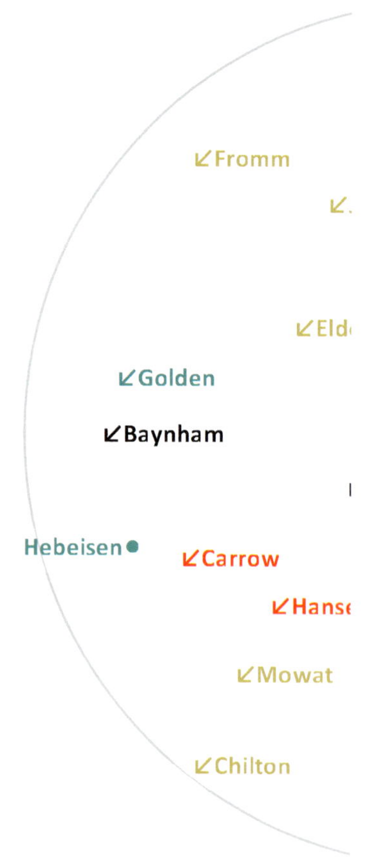

Map Key

• IV/JG3	700BS
• II/JG4	701BS
• V/JG4	702BS
• II/JG300	703BS
I/JG300	
14.Staffel/JG3	

Pilot Kramer...FW190...crash Arnstadt...29 miles east southeast of Eisenach. II/JG300
Pilot Peschel...FW190...crash near Kassel...42 miles northwest of Eisenach. **V/JG4**
Pilot Lübenau...FW190...crash Rüttersdorf/Jena... 55 miles east southeast of Eisenach. II/JG4
Pilot Wichmann...FW190...crash site unknown...Waltershausen (?) IV/JG3
Pilot Papenberg...FW190...crash site unknown...Richelsdorf (?) II/JG4

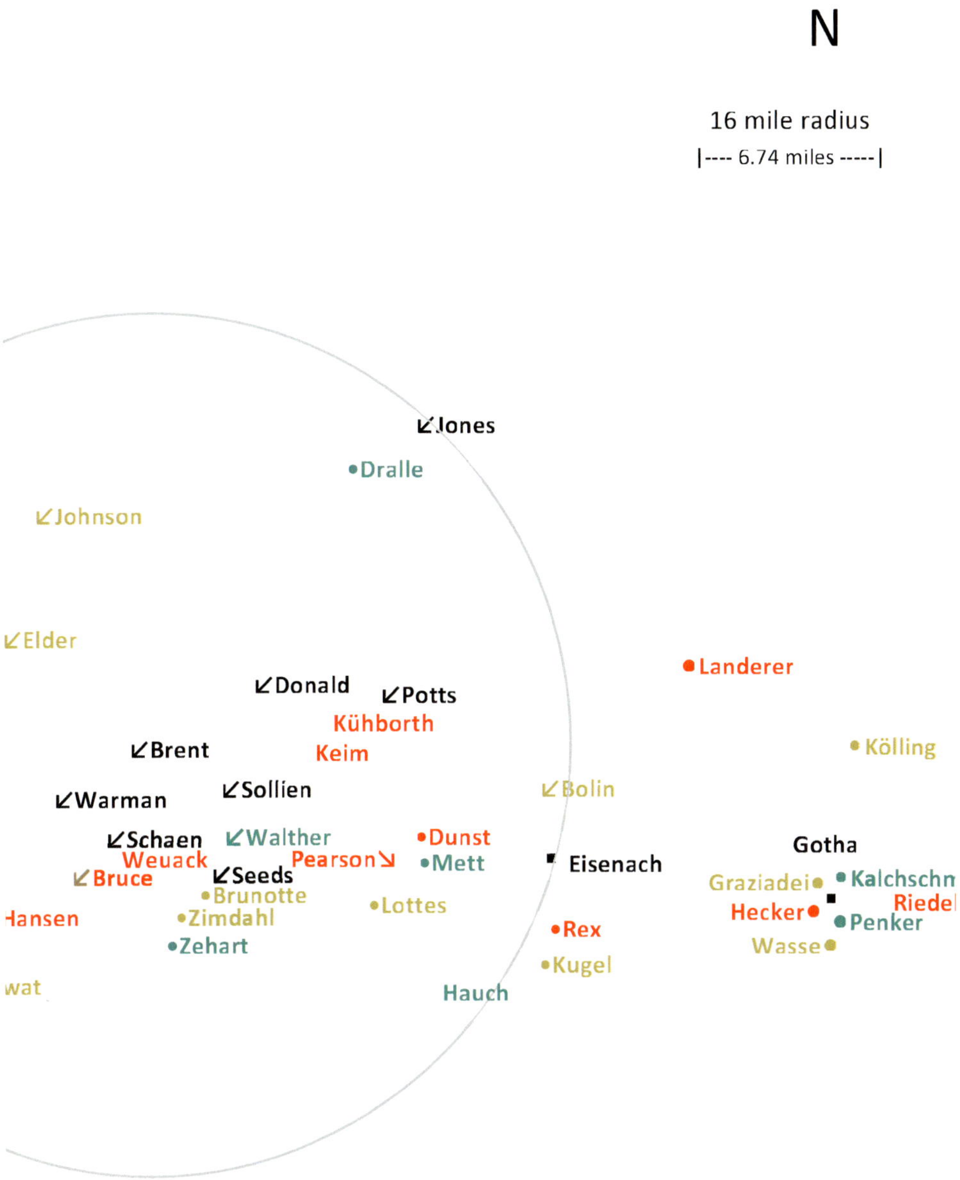

16 mile radius

|---- 6.74 miles -----|

↙Jones

•Dralle

↙Johnson

↙Elder

•Landerer

↙Donald

↙Potts

Kühborth

Keim

•Kölling

↙Brent

↙Warman

↙Sollien

↙Bolin

↙Schaen

↙Walther

•Dunst

Gotha

Weuack

Pearson↘

•Mett

Eisenach

↙Bruce

↙Seeds

Graziadei•

•Kalchschn

•Brunotte

Riedel

Hansen

•Zimdahl

•Lottes

Hecker•

•Penker

•Rex

•Zehart

Wasse•

•Kugel

wat

Hauch

Duane Giesler /Eberhard Hälbig

Ein weiteres Buch von Eberhard Hälbig und Rainer Lämmerhirt erschien im Verlag Rockstuhl

Autoren: Eberhard Hälbig und Rainer Lämmerhirt.
Festeinband mit 224 Seiten und 206 Fotos und Abbildungen.
ISBN 978-3-86777-348-5, Verlag Rockstuhl

Historische Karte: Deutschland 1942 (Plano) erschienen im Verlag Rockstuhl

Karte DEUTSCHLAND 1942.
Mit Handeintrag um 1943 von Koordinaten zur Lokalisierung britischer und US-amerikanischer Luftangriffe.

Reprint. Außenformat (Breite x Höhe) 98 x 68 cm Darstellungsgröße (Breite x Höhe) 88 x 67 cm.

Handeintrag weiterer Koordinaten.

LIEFERUNG GEROLLT in einer stabilen Versandrolle aus Pappe.

ISBN 978-3-86777-655-4, Verlag Rockstuhl

Ein weiteres Buch von Günther Sinnecker
und Hans-Joachim Blankenburg
erschien im Verlag Rockstuhl

Hans-Joachim Blankenburg & Günther Sinnecker

Luftkrieg über Mittelthüringen 1944–1945

*Flugzeugführerschule A/B 42 Langensalza.
Erinnerungen ehemaliger Fluglehrer
und Flugschüler.*

Verlag Rockstuhl

*Autoren: Hans-Joachim Blankenburg und Günther Sinnecker,
Festeinband, 286 Seiten und 246 Abbildungen.
ISBN 978-3-86777-057-6, Verlag Rockstuhl*